次の関東大震災までに何をなすべきか

「3・11」からの教訓

元・内閣府（防災担当）総括参事官
小滝 晃
Akira KOTAKI

中央公論新社

はじめに

　その時、首相官邸の危機管理センターの大型スクリーンには、津波に襲われて瓦《が》礫《れき》の平原と化した被災地の様子が映し出されていた。あちこちの市街地が水に浸かり、ある場所では大規模な津波火災も発生していた。

「首都直下地震が東京を直撃した時に、東京では一体どれだけの被害が発生するのだろうか？」

「巨大災害の際には、首都東京にある諸々の中枢機能が被災地の救援に向かうわけだが、首都直下地震によって、それらの機能（特にそれを動かす人々）が深刻に被災したら、東京や日本はどうなってしまうのか？」

　そうした戦慄《せんりつ》が、私の脳裏に稲妻のように走った。しかし、その直後、押し寄せる被害情報の渦に巻き込まれるように、私は、東日本大震災（地震・津波）への対応に没入する1年余の日々に突入していった。

２０１１年（平成23年）３月11日、国家公務員であった私が内閣府（防災担当）（以下、「内閣府防災」という）の総括参事官をしていた当時、東日本大震災が発生した。私は、直ちに官邸危機管理センターに初動参集し、自然災害（地震・津波）に関する緊急災害対策本部（以下、「緊対本部」という）の設置・運営に従事した。

東日本大震災は、わが国が戦後これまでに経験した唯一の巨大災害である。「巨大災害」とは、私の考えでは、「国難（国家レベルの災難）をもたらす可能性があり、国が災害の予防、初動・応急対応・復旧・復興に大きな役割を果たす必要があるレベルの災害」のことをいう。

この災害は、わが国の社会に、今後の巨大災害（首都直下地震、南海トラフ地震等）への備えが急務の課題であることを覚醒させた。

東日本大震災は、現代日本を襲う巨大災害の特性についての実証材料を提供しうる唯一の災害実例であり、その対応経緯に関する情報は、わが国の巨大災害対策を進める上での基礎情報として有効に活用されるべきものである。

そうした思いから、震災後、私は、「天命」を得た心境で、震災対応の事実経過をとりまとめ、それを起点に巨大災害対策に関する自主的な政策研究をスタートさせた。本書は、そのようにして蓄積されてきた政策研究成果を紹介するものである。

第1章では、東日本大震災（地震・津波）への政府の初動・応急対応がいかになされたかを概観する。阪神・淡路大震災相当の災害を想定したシステムをフル稼働させながら、臨機の修正や応用動作を加えつつ「想定外」の災害への対応を遂行した様子を描く。

第2章では、そうした経緯を踏まえ、①「最大級の巨大災害」を想定し、備えなければならないこと、②そのための「減災」の積み重ねが重要であること、③「想定外の事態（相転移）」を想定し、「臨機の対応力」を確立することが必要であること等の「巨大災害対策の設計思想」について述べる。

第3章では、それらを踏まえ、憲法の災害緊急事態条項のあり方に係る論点を提示する。発災日の午後から、緊対本部事務局では、当時は県の役割と考えられていた国直轄の緊急物資支援を急遽実行したが、国の当初予算にその費用の計上がなかったため、予算については詳細を後日整理することとしつつオペレーションを続行するという超法規的な決断をした。こうした事実をもとに「憲法」でなければ対処できない緊急財政支出制度をどう考えるか等の論点を提示する。

そして第4章においては、防災省（庁）の設置等のわが国の防災行政体制のあり方をめぐる議論をどう考えるべきかを考察し、分担管理事務を担う防災省（庁）ではなく、内閣補助事務を担う行政機関（仮称「内閣防災府」）の設置の是非についての論点を提示する。

第5章では、わが国の災害対応力の中枢機能が集中する首都東京が被災地となるという意味で、日本を国難災害から守り抜くための要諦といえる首都直下地震に備える「東京における災害に強いまちづくり」のため、新しい発想による木密地域対策のコンセプトを提唱する。この中では、「延焼ネットワークのハブ」に当たる少数の建物群を選択的に不燃化していくことにより、延焼ネットワークを効率的に分解しうる「選択的不燃化」等を提唱する。

私は、今の時代を生きる日本人が、東日本大震災の教訓を踏まえ、将来の巨大災害に備えて、後世に何を遺したか、が問われる時が必ずやってくると確信している。われわれ日本人は、「災害に強い国づくり・まちづくり」を日本の成長や再生の軸として、明るい将来を切り開いていく道を進んでいくべきである。

関東大震災から100年に当たる本年に発刊のめぐり合わせを得た本書が、そうした日本や東京の力強い道程の礎となることを心から願う次第である。

本書の基礎となった論文等は巻末に参考文献として列挙している通りであるが、これら一連の研究は、内閣府防災の関係者のご理解・ご協力の下に、一般財団法人行政管理研究センターに論説掲載の機会をいただいたことが始まりとなり、武田文男先生や織山和久先生といった研究パートナーに恵まれたこと、ＪＤＲ（Journal of Disaster Research）や日本建築学会、国士舘大学防災・救急救助総合研究所に論文等の発表機会をいただいたこと等により、ここに到達することが可能となったものである。この場をお借りして、関係者の皆様に心から感謝申し上げたい。

２０２３年８月

小滝　晃

目次

装幀：ネオドゥー　若月清一郎

第1章　東日本大震災（地震・津波）の初動・応急対応の概要

―政府の対応はいかになされたか―

本章では、東日本大震災（地震・津波）に対し、政府の初動・応急対応がいかになされたかを概観する。この内容は、私がその職務遂行を通じて経験・認識した事柄をとりまとめたものであるため、内閣府防災が担当する自然災害（地震・津波）に関する緊対本部及び同本部事務局の動きを中心とするものであり、原子力災害への対応についてはカバーしていない。

また、本章の記述内容は、第2章から第5章に関係する事項に絞っているので、より詳細な情報を得たい方は、小滝晃著『東日本大震災　緊急災害対策本部の90日　―政府の初動・応急対応はいかになされたか―』（2013年8月、ぎょうせい）を参照願いたい。

1．地震・津波の概要

最初に、東日本大震災の初動・応急対応の経緯について述べる前に、この災害（地震・津波）の全体像を概観しておこう。

2011年（平成23年）3月11日14時46分、牡鹿《おしか》半島の東南東130㎞付近の三陸沖を震源とするマグニチュード9・0の地震が発生した。この地震は、国内観測史上最大規模で、1900年以降に世界で発生した地震の中で4番目の規模であった。

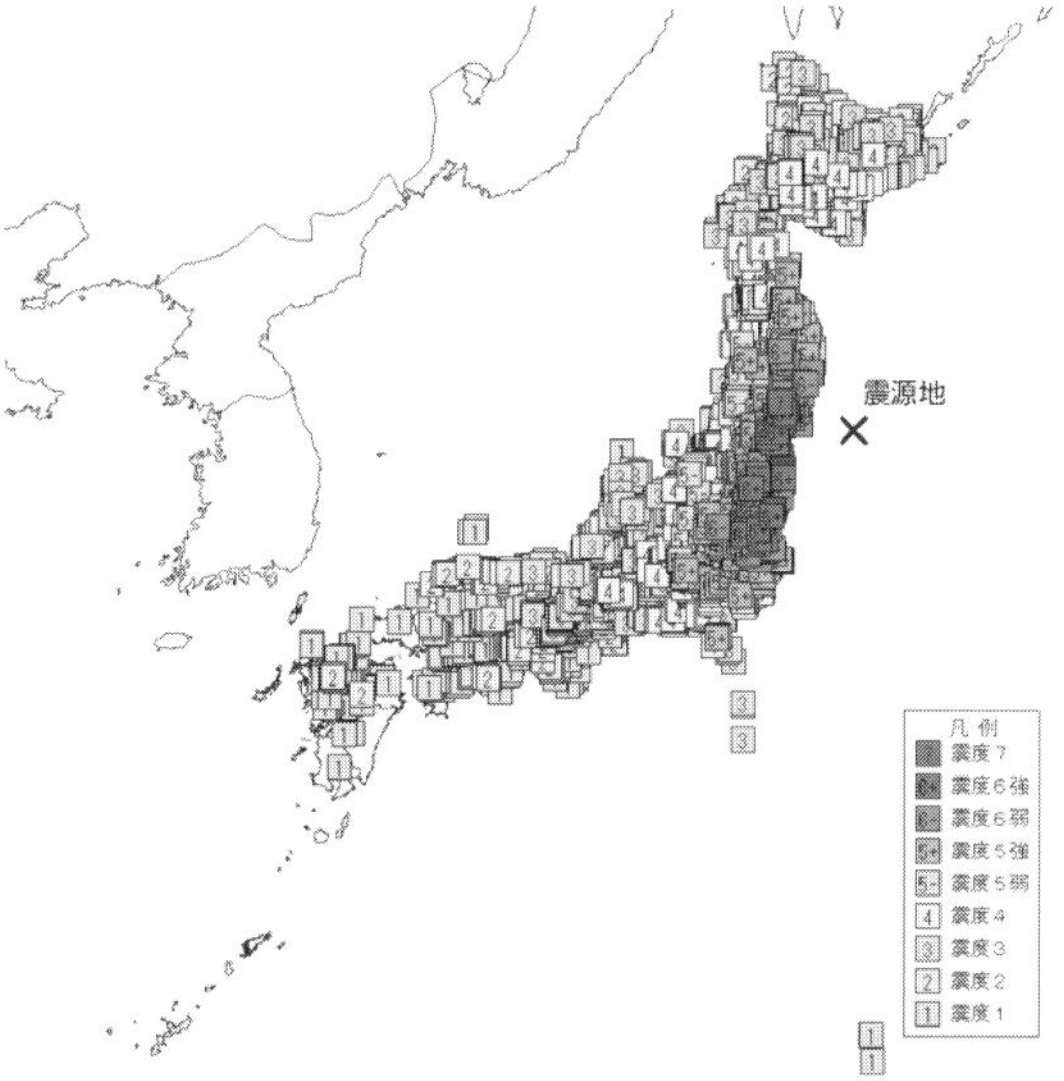

【図1－1】気象庁発表の震度分布（H23防災白書）

この地震により、宮城県北部で震度7、宮城県南部・中部、福島県中通り・浜通り、茨城県北部・南部及び栃木県北部・南部で震度6強、岩手県沿岸南部・内陸北部・内陸南部、福島県会津、群馬県南部、埼玉県南部及び千葉県北西部で震度6弱、その他東日本を中心に北海道から九州地方に及ぶ範囲で震度5強～1が観測された【図1－1】。

気象庁は、3月11日にこの地震を「平成23年（2011年）東北地方太平洋沖地震」と命名した。その後4月1日には、災害規模が東日本全域に及ぶ甚大なものであること、大規模な地震・津波に原子力発電施設

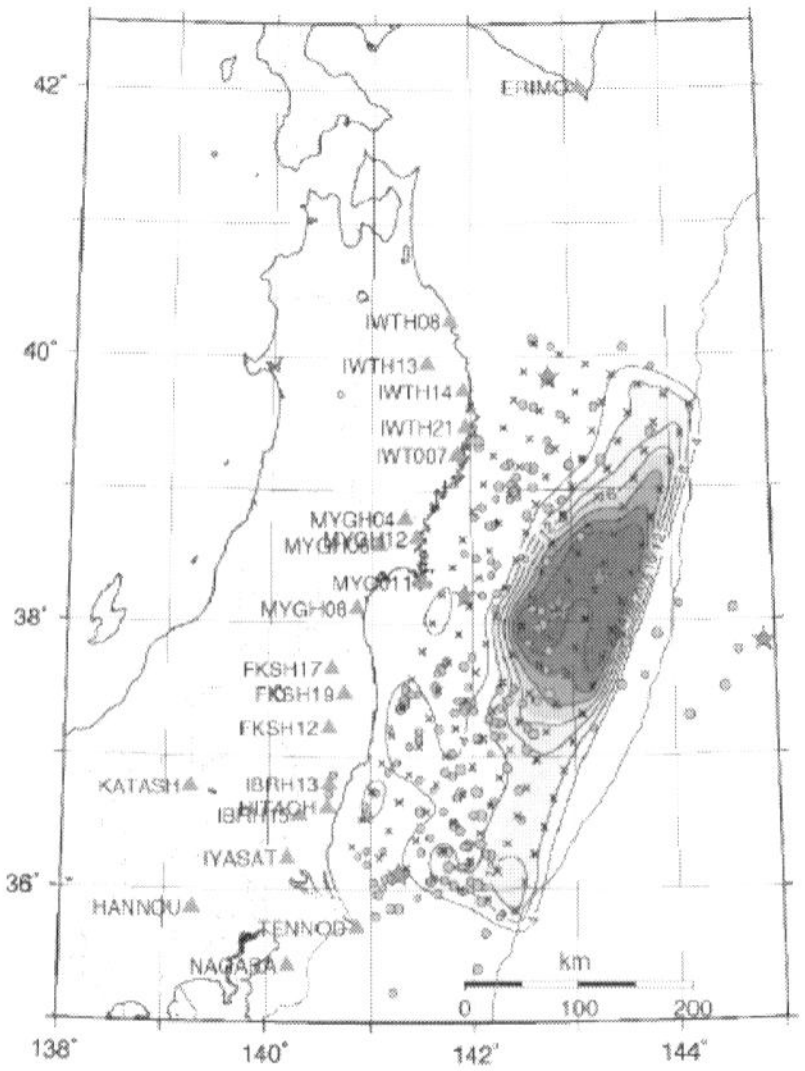

【図１－２】地震断層面のすべり量分布
（H23防災白書）

の事故が重なる未曾有の複合的な大災害であり、復旧・復興施策推進に統一的な名称が必要となることから、災害名を「東日本大震災」と呼称する旨の閣議了解がなされた。

　この地震は、太平洋プレートと大陸プレートの境界で発生した海溝型地震で、震源域は、岩手県沖から茨城県沖までの長さ約４５０km、幅約２００kmにわたり、この域内の断層が３分程度にわたり破壊されたものと考えられている【図１－２】。

　この地震に先立って行われていた文部科学省地震調査研究推進本

【図１‐３】仙台平野を襲う津波（3.11）
（出典：仙台市）

部の地震調査委員会による長期評価では、６つの領域（三陸沖中部、宮城県沖、三陸沖南部海溝寄り、福島県沖、茨城県沖及び三陸沖北部から房総沖の海溝寄り）での地震発生が想定されていたが、これら全ての領域が連動して発生する地震は想定を超えるものであった。

本震に続いて大規模な余震が繰り返し発生し、同年５月31日までに発生した余震は、最大震度６強が２回、最大震度６弱が２回、最大震度５強が６回、最大震度５弱が23回、最大震度４が135回となっている。

この地震は、宮城県沖の震源直上における海底の移動（東南東方向に約25ｍ）・隆起（約３ｍ）により、日本各地に大規模な津波を発生させた【図１‐３】。気象庁は３月11日14時49分に津波警報（大津波）の第１報を発表したが、

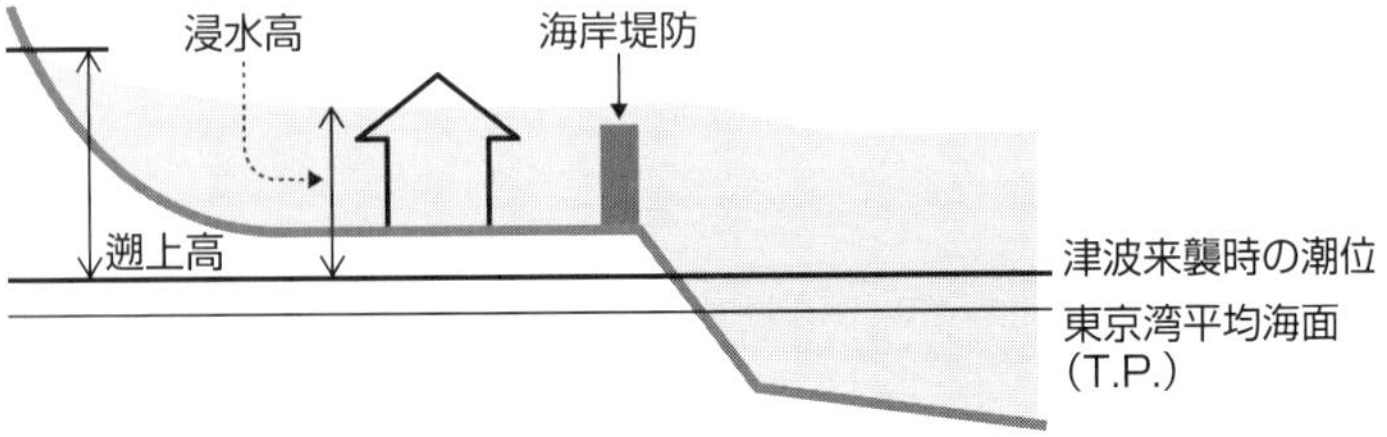
浸水高：津波到達時の潮位から津波の痕跡までの高さ
遡上高：津波到達時の潮位から津波が駆け上がったところまでの高さ

【図1－4】津波の浸水高と遡上高（H23防災白書）

その後、15時10分頃から岩手釜石沖などのGPS波浪計において潮位の急激な上昇が観測されたため、15時14分に発表された津波警報第2報で津波の高さ予想が「宮城県10m以上、岩手県・福島県6m」等に引き上げられた。

その後も3月13日17時58分に全ての津波警報が解除されるまでの間、10回に及ぶ追加情報が逐次発表され、高さ予想が変更された【図1－4】。

しかし、後日判明したところによれば、この頃、被災地では、津波警報について、停電によるテレビの動作停止や防災行政無線の被災等により、住民等への伝達に支障が生じていた。また、津波警報や津波の避難誘導の情報は、屋外への避難を開始した住民や屋外にいる住民（徒歩、車両）には、テレビ等による伝達に限界があったのが実情であった。

国内の津波観測地点で記録されている津波の高さの最高値は「9・3m以上」（福島県相馬市）であるが、津波により観測施設が損壊したところでは観測された以上の津波が到達した可能性があり、気象庁は、津波の痕跡等の調査結果から、最高で岩手県大船渡市で「16・７ｍ」と推定している。

また、津波の遡上高（陸上で最も高い位置に到達した箇所の高さ）については、土木学会等の関係者からなる「東北地方太平洋沖地震津波合同調査グループ」によって、国内観測史上最大の「40・０ｍ」と判定されている。

この地震は、津波のみならず、沿岸を中心に大きな地盤沈下も発生させた。甚大な津波と地盤の低下が重なり、浸水面積は、全国で５６１㎢（青森県24㎢、岩手県58㎢、宮城県３２７㎢、福島県１１２㎢、茨城県23㎢及び千葉県17㎢）に達した。

こうした津波等により、太平洋側沿岸の各地に、極めて激甚な被害が発生した【図１-５】。

２０２３年３月９日の緊対本部発表によると、死者１万９７６５名（関連死者数を含む）・行方不明２５５３名、住家全壊12・２万棟・半壊28・４万棟等の被害を発生させ、全国の避難者数は３万１４３８名（親族、知人宅や公営住宅、仮設住宅等への入居者も含む）に及んでいる。

また、この地震は、東京電力福島第一原子力発電所（以下「福島第一原発」という）に

【図１－５】岩手県大槌町の壊滅的被害（3.14）
（内閣府資料）

おける原子力災害を発生させた。福島第一原発が、地震から約1時間後に遡上高14～15mの津波に襲われたため、1～5号機で全交流電源を喪失し、このために原子炉の冷却が困難となり、1号炉・2号炉・3号炉で炉心溶融（メルトダウン）が発生した。この結果、大量の放射性物質の漏洩を伴う重大な原子力事故（国際原子力事象評価尺度で最悪のレベル7〈チェルノブイリ［チョルノービリ］原子力発電所事故と同等〉に位置づけ）に発展した。

まさに、戦後日本最大の災害であった。

2．防災に関する基本的制度
―災害対策基本法と政府の防災行政体制―

次に、わが国の防災に関する基本的制度であ

【図１－６】災害対策基本法（昭和36年法律第223号）の概要
最終改正：令和４年６月

国土並びに国民の生命、身体及び財産を災害から保護するため、総合的かつ計画的な防災行政の整備及び推進を図り、もつて社会の秩序の維持と公共の福祉の確保に資することを目的とする。

１．定義
・「災害」「防災」などの用語の意義
２．防災に関する理念・責務
・災害対策の基本理念——減災の考え方等、災害対策の基本理念
・国、都道府県、市町村、指定公共機関等の責務——防災計画の作成・実施、相互協力等
・住民等の責務——自らの災害への備え、生活必需品の備蓄、自発的な防災活動への参加
３．防災に関する組織——総合的防災行政の整備・推進
・国：中央防災会議、特定・非常・緊急災害対策本部
・都道府県・市町村：地方防災会議、災害対策本部
４．防災計画——計画的防災対策の整備・推進
・中央防災会議：防災基本計画
・指定行政機関・指定公共機関：防災業務計画
・都道府県・市町村：地域防災計画
・市町村の居住者等：地区防災計画
５．災害対策の推進
・災害予防・災害応急対策・災害復旧の段階ごとに、各実施責任主体が果たすべき役割や権限
・市町村長による一義的な災害応急対策（避難指示等）の実施
・大規模災害時における都道府県・指定行政機関による応急措置の代行
６．被災者保護対策
・避難行動要支援者名簿、個別避難計画の事前作成
・災害時の避難所、避難施設の基準
・広域避難、物資輸送の枠組み
・罹災証明書、被災者台帳の作成を通した被災者支援策
７．財政金融措置
・法の実施に係る費用は実施責任者負担
・激甚な災害に関する国による財政上の措置
８．災害緊急事態の布告
・災害緊急事態の布告（内閣総理大臣が閣議にかけて布告）
・政府の方針（対処基本方針）の閣議決定
・緊急措置（生活必需品の配給等制限、物の価格等の最高額決定、金銭債務の支払猶予、海外からの支援受け入れに係る緊急政令の制定、特定非常災害法の自動発動等）

る災害対策基本法（以下、「災対法」という）【図1‐6】と政府の防災行政体制【図1‐7】を概観しておきたい。

（1）災対法

わが国の防災対策の基本は、昭和36年に伊勢湾台風を契機に制定された災対法に定められている【図1‐6】。この法律は、防災の理念・責務、防災に関する組織（中央防災会議及び緊対本部等の本部体制等）、防災計画（防災基本計画、地域防災計画等）、災害対策の推進（各実施責任主体の役割・権限、市町村長による一義的な災害応急対策〈避難指示等〉、大規模災害時における都道府県・指定行政機関による応急措置の代行）、被災者保護対策、財政金融措置、災害緊急事態（災害緊急事態の布告、同布告を踏まえた緊急措置等）等を規定している。

（2）当時の政府の防災行政体制

東日本大震災の発生（2011年3月11日）当時、政府の防災行政はどのような体制で行われていたのであろうか。

①内閣府防災

【図１－７】東日本大震災への政府の対応体制

出典：
内閣府作成資料

防災に関する基本的な政策、大規模災害発生時の対処に関する企画立案及び総合調整を行う行政組織として、内閣府防災が置かれている。

内閣府防災は、２００１年1月の中央省庁等改革に伴い、国土庁防災局が移行して設けられた組織である。内閣府設置法においては、防災（災害予防、災害応急対策、災害復旧及び災害からの復興）に関する基本的な政策に関する事項、大規模な災害が発生した場合における当該災害への対処等の防災に関する事項を所管している。

また、著しく大規模な非常災害が発生した場合には、災対法に基づく緊対本部を設置・運営し、その事務局としての任に当たることとなる。

東日本大震災当時の内閣府防災の組織は、内閣府政策統括官（防災担当）及び内閣府大臣官房審議官（防災）の下に、総括参事官、予防担当参事官、応急担当参事官、復旧・復興担当参事官、地震・火山・大規模水害対策担当参事官の5参事官以下58名の常勤職員が配備されていた。

筆者は、当時、内閣府防災の実務レベルの総合調整や、緊対本部の設置・運営を担当する総括参事官の任にあった。なお、東日本大震災当時の内閣府防災の執務室は中央合同庁舎5号館にあった（現在は中央合同庁舎第8号館内）。

②内閣危機管理監

政府全体の危機管理（防衛に関するものを除く）については、内閣危機管理監が統理するものとされており、内閣官房の安全保障・危機管理担当（以下、「安危室」という）がその補佐に当たる体制となっている。

ここでいう危機管理とは、国民の生命、身体又は財産に重大な被害が生じ、又は生じるおそれがある緊急の事態への対処及び当該事態の発生の防止のことをいう。

したがって、たとえば、自然災害と自然災害以外の危機が同時に発生したような場合には、内閣危機管理監等が政府の各行政機関（内閣府防災を含む）の総合調整に当たることとなる。

また、内閣危機管理監は、大規模災害の発生時には、政府の初動対応の総合調整を行う緊急参集チームを主宰することとされている。

（３）初動参集体制

阪神・淡路大震災（１９９５年）の際には、初動対応の遅れが強く批判され、その反省の上に、緊急参集チームという仕組みが導入されている。

大規模自然災害などの重大な緊急事態が発生した場合には、政府においては、内閣危機管理監が、官邸危機管理センターに関係省庁等の局長等を招集し、緊急参集チームを主宰し、初動措置に関する情報の集約等を行い、内閣総理大臣に報告することとなる。

自然災害の場合の標準的な参集メンバーは、内閣府政策統括官（防災担当）、国土交通省水管理・国土保全局長、警察庁警備局長、気象庁気象防災監、消防庁次長、海上保安庁海上保安監、厚生労働省危機管理・医務技術総括審議官、防衛省統合幕僚監部総括官とされていた。

緊急参集チームが招集された場合は、それに連続して災対法に基づく緊対本部の設置・運営を行うこととなる可能性があるため、内閣府防災においては、内閣府特命担当大臣（防災担当）（以下「防災大臣」という）及び政策統括官（防災担当）、大臣官房審議官（防災）、総括参事官、応急担当参事官ほか約20名が官邸に緊急参集するとのルールが設けられていた。

東日本大震災の発災当時の内閣府防災では、36名の職員が3班体制（各班は官邸参集要員7名と5号館参集要員5名の12名で構成）で非常参集要員に指定され、各班1週間交替で、A班（発災から30分以内に参集）、B班（発災から2時間以内に参集）、C班（発災から可及的速やかに参集）として大規模災害発生時の非常参集をいつでもできる態勢をとり、この36名以外の常勤職員全員もC班に帰属しているという体制となっていた。

（4）災対法に基づく緊対本部

災対法は、著しく大規模な非常災害が発生した場合には、閣議決定により、内閣府に臨時に設置する行政組織として緊対本部を設置することを規定している。

この本部長には内閣総理大臣、副本部長には国務大臣（防災大臣及び内閣官房長官等）、本部員には全閣僚等が当たり、本部を支える事務局長には内閣府政策統括官（防災担当）が当たることとされている。

緊対本部の所掌事務は、災害応急対策を的確かつ迅速に実施するための方針の作成、関係行政機関等の災害応急対策の総合調整、非常災害に際し必要な緊急の措置の実施、災対法第28条の６に基づく関係行政機関の長等に対する指示等の権限に属する事務等である。

この事務は、緊急参集チームと連続的なものであり、運用上、緊急参集チームによる初動対応は、発災後しばらく経過した時点（自然災害の場合は72時間前後が目途）までに、緊対本部が継承することが想定されている。

緊対本部の設置については、阪神・淡路大震災（１９９５年）以前は、災対法第１０５条に基づく「災害緊急事態の布告」が条件とされていたが、同震災の際には、「災害緊急事態の布告」を発出するには至らず、緊対本部の設置要件は充足されなかった。こうした中で、発災後に災対法に基づいて設置されたのは、緊対本部より規模が下回る災害への対応を想定した非常災害対策本部（本部長：防災大臣、本部員：各省庁関係局長等）であった。しかし、政府としての一体的かつ総合的な対策を緊急に講じるため、内閣総理大臣を本部長とし、全閣僚を本部員とする本部体制が必要との理由から、発災から2日後の1月19日に、災対法ではなく閣議決定のみを根拠とする「兵庫県南部地震緊急対策本部」が設置されている。

この本部は、災対法に根拠を持たないことから、臨時の行政機関ではなく、閣僚間の連絡調整会議という性格のものであり、緊急措置の実施や関係行政機関の長に対する指示等についての権限を有しないものであった。

このような経験を踏まえ、1995年12月に災対法が一部改正され、緊対本部の設置に当たり災害緊急事態の布告は要件とされないよう法律改正が行われていた。

このため、東日本大震災（地震・津波）の際には、「災害緊急事態の布告」が発出されていないことが制約要因になることはなく、発災から28分後に災対法制定後初の緊対本部が設置された。

なお、原子力災害は災対法上の「災害」に該当するが、1999年9月の東海村JCO臨界事故を機に、原子力災害の特殊性にかんがみ、原子力災害対策特別措置法（平成11年法律第156号）が制定され、原子力緊急事態に係る緊急事態応急対策の推進のため、閣議にかけて、臨時に内閣府に原子力災害対策本部を設置するものと定められた。同法第17条により、本部長は内閣総理大臣、副本部長は国務大臣（運用上は経済産業大臣）とされており、この事務局長には、経済産業省原子力安全・保安院長が当たることと決められていた。

3．発災（2011年3月11日（金）14時46分）

地震が発生した14時46分、私は、中央合同庁舎5号館の内閣府防災の総括参事官の席で勤務を行っていた。

地震の発生とともに、執務室に備えられている緊急地震通報システムの大型ディスプレイに、地震の観測データが表示され始め、仙台沖が震源地となっており、マグニチュード8台で小数点以下の数字が小刻みに上下動し続けていた。発災後すぐには東京での揺れは感じられなかったが、大規模災害時の官邸初動参集要員に指定されている職員は、「震度5強（東京23区）・震度6弱（東京23区以外）の地震が発生した場合には、内閣危機管理監の指示を待たずに直ちに参集する」というルールに照らし、直ちに緊急参集が必要な状況と判断した。

私は、防災服に着替えながら、執務に必要と思われる用品類（法令集、マニュアル、文房具等）を携行する用意を始めたが、その最中に、東京にも大きな揺れが到達した。

さらに14時50分に緊急参集命令が確認的に防災携帯電話に配信されたことを確認しながら、東京では走行が可能であった公用車によって官邸に急行した。

「これは、間違いなくとんでもなく大きな災害だ！」

初動参集要員は、経験したことのない巨大な災害との取組みが始まることに身の引き締まるような緊張を感じながら、官邸危機管理センターに急行した。

4．初動参集と緊対本部の設置（3月11日（金）15時14分）

14時50分、政府は官邸対策室及び内閣府災害対策室を設置した。

そして、やはり14時50分に緊急参集チームが招集されるとともに、内閣総理大臣から、①被災状況の確認、②住民の安全確保、早期の避難対策、③ライフラインの確保、交通網の確保、④住民への的確な情報提供の4点の指示が発出された。

緊急参集チームのメンバーである内閣府政策統括官（防災担当）、国土交通省水管理・

国土保全局長、警察庁警備局長、気象庁気象防災監、消防庁次長、海上保安庁海上保安監、厚生労働省危機管理・医務技術総括審議官、防衛省統合幕僚監部総括官等は、直ちに官邸危機管理センターに参集した。このほか、緊対本部の設置・運営の関係者も、発災後直ちに官邸危機管理センターに参集した。

内閣府防災関係では、防災大臣及び政策統括官（防災担当）、大臣官房審議官（防災）、総括参事官、応急担当参事官ほか21名が官邸に緊急参集し、発災から12日目の３月22日に官邸を撤収するまでの間、災害対応に関する関係省庁間での情報共有、連絡調整その他の業務に従事することとなった。

官邸危機管理センターでは、15時00分に、緊急参集チームによる協議が開始された。まず、内閣危機管理監が総理指示をメンバーに伝達し、その内容は直ちに全省庁に伝達された。そして、内閣府防災からは、マグニチュード７・９、震度６弱以上の面積は約９３００㎢、死者数の推計は１０００人、避難者数は20万人に及ぶなどのＤＩＳ情報（全国地震被害推計結果）が報告された。当時のＤＩＳは、震度分布や建築物の全倒壊数及び建築物の全壊に伴う死傷者数を推計する地震防災情報システムであり、津波による被害推計を含んでいなかった。

15時08分、緊急参集チームは、①被害情報の収集に万全を期すとともに、人命救助を第一義として、住民の避難、被災者の救援救助活動に全力を尽くす、②被害の状況に応じ、緊急消防援助隊、警察広域緊急援助隊、自衛隊の災害派遣部隊、海上保安庁の救援・救助部隊、災害派遣医療チーム（ＤＭＡＴ）等による被災地への広域応援を行い、被災者の救援・救助をはじめとする災害応急対策に万全を期す、③災害応急対策の実施に当たっては、地方自治体と緊密な連携を図る、④被災地の住民をはじめ、国民や地方自治体、関係機関が適切に判断し行動できるよう、的確に情報を提供する、⑤災害応急対策を政府一体となって推進するための緊対本部の設置に向けて準備を進める、との方針を確認した。

この協議結果を踏まえ、総理から、災対法に基づく緊対本部の設置指示があり、当該指示内容は、直ちに緊急参集チームに伝えられた。

この指示を受け、内閣府防災により緊対本部の設置手続（閣議請議の起案・決裁・告示）が直ちに開始された。

この手続については、前年12月８日に行われた首都直下地震初動対応訓練の際に、起案内容検討・文書作成・印刷に手間取り、相当な時間を要してしまった反省から、内閣府防災において、起案文書標準案を用意していたこと、災害の大規模性にかんがみ、本来は初動参集メンバーではない総括担当補佐を官邸に初動参集させるという対応を行ったこと等により、迅速に処理することができた。

こうして、発災から28分後の15時14分に、災対法制定以来初の緊対本部（平成23年宮城県沖を震源とする地震に関する緊急災害対策本部）が設置された。

一連の初動参集については、総じて極めて迅速に行われた。これは、阪神・淡路大震災後に導入された緊急参集チーム、緊急参集ルール、通報システム等が有効に機能したこと、平日の日中勤務時間内の発災であったこと等によるものと考えられる。

内閣府防災の58名の職員は、まず官邸（21名）と5号館（37名）に分かれ、ほどなく、この中の９名（宮城、岩手、福島に各３名）が被災地に赴いたが、発災の数日後からようやく確保した多少の休息時間を除けば、全員が24時間勤務を継続した。

5．第1回緊対本部会合の開催（3月11日（金）15時37分）

緊対本部は、災対法第28条の２に基づき、著しく異常かつ激甚な非常災害が発生した場合に、災害応急対策を推進するための総合調整組織として、閣議決定により内閣府に臨時に設置する行政組織である。本部長は内閣総理大臣、副本部長は国務大臣（防災大臣及び内閣官房長官等）とされ、事務局長には内閣府政策統括官（防災担当）が当たるものとされている。

緊対本部の所掌事務は、緊急参集チームから連続するものであるから、緊急参集チームは、発災後しばらくの期間（自然災害の場合は72時間前後が目途）が経過した後に、緊対本部が継承することが想定されている。

東日本大震災（地震・津波）については、「災害緊急事態の布告」は発されなかったが、発災から28分後に災対法制定後初の緊対本部が設置され、3月17日までの1週間に12回開催された本部会議において、応急対策を推進するための総合調整が進められ、災害救助法の適用（3月11日以降順次）、被災者生活再建支援法の適用（3月12日以降順次）、激甚災害指定（3月13日）、特定非常災害の指定（3月13日）、物資支援に係る予備費の使用決定（3月14日）、被災者生活支援特別対策本部の設置（3月17日）等の様々な緊急的対応が行われた。なお、緊対本部は、行方不明者や避難者数が依然として多数となっていること等にかんがみ、2023年現在も存続している。

この緊対本部の運営を支える事務局には、政策統括官以下の内閣府防災職員のほか、各府省庁の職員が官邸（危機管理センター等）に参集し、担当事務に従事した。その規模は最大時で約200名前後に達した。このうち緊急参集チームに係る事務に従事した職員は、緊急参集チームに係る事務と緊対本部事務局に係る事務を、連続的・並行的に遂行した。

発災当時、国会では参議院決算委員会が開催中で、そこには全閣僚が出席していた。同委員会は14時50分に休憩となり（その後再開されることはなかった）、各閣僚は、同委員会室から、順次速やかに官邸に向かった。なお、この頃、官邸内のエレベーターは停止していた。

このようにして、発災から51分後の15時37分に、官邸危機管理センターにおいて、第1回緊対本部会議が開催され、災害応急対策に関する基本方針が決定された。

なお、第1回緊対本部会議を開催中の15時42分に、福島第一原発1号機、2号機及び3号機について、原子炉格納容器冷却のための電源が喪失したとの原子力災害対策特別措置法第10条通報があった。その後、16時45分に福島第一原発2号機についての原子力緊急事態の報告（15条報告）があったことを受け、19時03分に、「福島第一原子力発電所に関する原子力緊急事態宣言」の発令及び「平成23年（２０１１年）福島第一原子力発電所事故に係る原子力災害対策本部」の設置が行われた。これ以降、原子力災害本部と緊対本部の会議の連続開催や合同開催がしばらくの間繰り返された。

6. 押し寄せる被害情報

発災直後から、各機関等が確認した被害情報が続々と緊対本部事務局に寄せられたが、当初は個別的・断片的な情報のみであった【図1-8】。

緊対本部事務局では、16時30分に、このような被害情報及び政府の対応状況をとりまとめた「緊急災害対策本部情報」(「緊対報」と通称)の第1報を作成し、官邸ホームページ上で公表した。緊対報は、発災当日だけでも第11報まで公表され、2012年9月時点では第156報に達した。

14時50分	秋田県、建物倒壊・火災なし。
15時05分	山形県内、火災発生、確認中。
15時06分	仙台空港、冠水により閉鎖。
15時10分	箱崎PAで高齢者負傷。
15時10分	釜石線(岩手県)石が線路に崩壊。
15時10分	青森県全域で停電。
15時13分	お台場、深川で火災発生。
15時13分	九段会館で生き埋め。
15時14分	東京電力管内約400万6千件の停電。
15時15分	山形空港、停電により閉鎖。
15時15分	青森、秋田、岩手で全停電。山形、宮城でほぼ全域停電。新潟、福島の一部で停電。
15時20分	東北道、磐越道、常磐道、仙台東部道路、山形道通行止め。
15時20分	花巻空港閉鎖。

【図1-8】発災直後に寄せられた被害情報

発災直後の緊対報に全国集計データを掲載することができたのは、第3回緊対本部会議に提出された第5報(3月12日7時現在)からであった。

7．現地調査団の派遣と現対本部の設置

発災日の17時45分、防災大臣は福島県知事と電話会談を行い、「福島県庁舎は使えず隣の自治会館へ移動している。市町村とも通信はできる状況であるが、浜通りと連絡が取れない。現在、死者は数名、行方不明者は10名。東電１～３号機の交流電源が使えない」との情報を得た。17時59分には、宮城県知事と電話会談を行い、「被害が掌握できない。沿岸部は甚大な被害が発生している。全県停電の状態にある。食料や暖の取れるものが欲しい」との状況が報告された。

18時42分、現地の被害状況を詳細に把握するため、防災副大臣を団長、国土交通省政務官を副団長、内閣府防災の審議官、応急担当企画官等を団員とする政府調査団（29名）が、宮城県に向け防衛省（市ヶ谷）から自衛隊ヘリＣＨ－４７で出発した。

現地調査団は、通常規模の震災であれば発災から概ね3時間後の出発を目標としていたが、広域震災である東日本大震災について、どこに、どの程度の調査団を派遣するか、緊急参集直後から検討した結果、15時30分頃に、とりあえず震度が最も大きかった宮城県に派遣することを決定し、18時頃に防衛省（市ヶ谷）を出発することを予定した。しかし、

都内交通渋滞により団員参集が芳しくなく、18時42分の出発となった。

同調査団は21時05分に宮城県庁に到着し、直ちに宮城県知事等から状況説明を受けるとともに、以降の宮城県災害対策本部会議に毎回出席することとなった。

そして、翌3月12日（土）6時、被災状況に係る政府調査団報告を踏まえ、宮城県庁内に防災副大臣を本部長とする現地対策本部（以下、「現対本部」という）を設置し、各府省職員からなる調査団員のほとんどがそのまま本部構成員として対応に当たった。

現対本部については、被災地方公共団体との連絡調整を図り、地方公共団体の災害対策本部が行う災害対策に対し政府として最大限の支援・協力を行うことが任務とされたが、まずは宮城県と連携しつつ、県内を中心に自衛隊機等により被災地状況を上空・陸上から把握するとともに、被災市町長等との面会、県から受理した要望・要請等の緊対本部への伝達に当たった。

また、3月12日8時53分に岩手県への政府調査団（内閣府副大臣〈国家戦略等担当〉等23名）、9時18分に福島県への政府調査団（財務省政務官等25名）が、それぞれ防衛省（市ヶ谷）をヘリで飛び立った。両政府調査団の一部はそのまま現地に残留し、両県庁内に現対本部の支所として政府現地連絡対策室（以下「連絡室」という）を設置し、両調査団長は室長に任ぜられた。

現対本部（宮城）の体制については、後日、輪番交替により45名体制が、岩手・福島の両連絡室についても、輪番交替により20名体制（岩手）と30名体制（福島）が確保された。3つの地方組織の情報共有や調整は緊対本部で行うこととし、現地と官邸・内閣府防災等との通信は中央防災無線網（可搬型衛星通信装置）により確保された。

3月12日（土）9時48分、現対本部長より緊対本部事務局に、①仙台から釜石までの沿岸から内陸を空から見たところ、沿岸部の被害は甚大、②地震による被害というよりは、津波によってさらわれたことによる被害が大きい、③石巻をはじめ、壊滅的で、今もなお水浸しの状態で船が陸に上がっている【図1－9】、④気仙沼等では煙が立ち込め、漂流物がたくさんある、⑤孤立していた地域との連絡が取れ始めたので、もう少し詳しく状況が分かり次第報告する、との電話報告があった。

【図1－9】宮城県気仙沼市での緊急消防援助隊活動（H23防災白書）

沿岸部は、広範にわたり津波による甚大な被害が発生しており【図1－10】、通信インフラ・道路交通の途絶に加え、自治体行政機能が喪失され、緊急物資の

【図１－10】閉伊川（岩手県宮古市田老）の津波越波（3.11）（出典：岩手県建設業協会）

輸送や詳細な被害情報、避難所・避難者の状況に関する情報の入手にも困難を極める状況となっていた。こうした状況に向き合いながら、現対本部及び連絡室は、県・市町村の被災地情報・対応状況の収集・把握、緊対本部への日々報告等に当たることとなった。

その後、現対本部の運営の中核となる内閣府防災職員の応援のため、３月16日（水）以降、防災部門以外の内閣府職員が交代で宮城、岩手及び福島に各３名程度ずつ追加派遣された。この際に、内閣府男女共同参画局より女性の視点に立った災害対応を実施するため、女性職員の現地派遣の申出があり、考慮することとなった。

要員の交替については、航空・鉄道便が確保できなかったため、借上バスによる連絡便

（東京⇆福島⇆仙台⇆盛岡の1泊2日往復）を毎週末1便定期運行することとしたこと等から、2週間サイクルでの輪番交替運用を行った。これら追加派遣職員からは、帰京後の服命の際に、国家公務員としてやりがいのある業務に従事できたことに感謝しているとの感想が相次いで表明された。

8．帰宅困難者対策の実施

3月11日（金）15時57分より、官邸4階大会議室において第2回緊対本部会議が開催された。防災大臣から事務局に対し、津波や帰宅困難者などについてシミュレーションし情報発信するよう指示がなされた。今後の津波の状況、現地における被災情報の収集と合わせ、首都圏では、地震直後から全ての鉄道が運行を見合わせ、多数の帰宅困難者が駅に滞留するなどの問題が発生していたことから、帰宅困難者対策を実施するとの方針が口頭決定された。

その後、緊対本部事務局では、18時45分頃、当夜中の首都圏の運行再開が困難な見通しであり、運行再開のメドが立っていない状況である等の情報を得た。そして、19時23分に、東京都を中心に首都圏に所在する国の施設（国営昭和記念公園等）を帰宅困難者の一時滞在施設として開放する等の対応が行われた。

さらに20時10分、官房長官から、帰宅困難者の対策に全力を挙げるため、駅周辺の公共施設を最大限活用するよう全省庁は全力を尽くすこと、との指示がなされ、20時15分には、防災大臣が東京都に対して帰宅困難者対策を要請した。さらに、22時50分には、帰宅困難者の収容施設について、緊対本部として広報（HP等への掲載）を実施した。

9．事案対処班による国直轄の物資支援

発災日の夕刻に、緊対本部事務局は、その下に「事案対処班」を設置した。

事案対処班というのは、緊対本部事務局が被災者や被災地の救難・支援実務の総合調整を行うための実働体制である。

東日本大震災の際には、調整総括担当（C－1）、輸送活動調整担当（C－3）、物資調整担当（C－4）、広域医療調整担当（C－5）、海外支援受入れ調整担当（C－7）の5つの担当グループが設けられた。

この要員は、あらかじめ用意されたマニュアルにより、各省庁からの派遣者を含め約30名の体制でスタートした。

各班員は、3月20日に同班が被災者生活支援特別対策本部に移行するまでの間、文字通り不眠不休の24時間体制で、担当事項に係る事案対処に奮闘することとなった。

なお、同班の調整総括担当（C-1）の統括者である内閣府防災の地震・火山担当参事官は、2月7日から3月11日までの日程で新燃岳噴火による被災地に派遣されており、予定通り3月11日に帰京の途に就いていたが、鹿児島空港へ向かっている最中に震災が発生し、羽田空港に到着後、直ちに官邸に向かい、事案対処班の総括事務に当たった。

事案対処班は、発災日の夜には、地方公共団体で実施する物資の調達・輸送、広域医療搬送、海外支援受入れ等の業務を本格化させていた。

このうち物資調整担当及び輸送活動調整担当は、関係省庁を通じ、緊急物資支援の確保や輸送の確保に関する関係業界団体や企業への協力要請を進めていた。ただし、この時点で想定していたオペレーションは、阪神・淡路大震災後の災害対策マニュアルによるもので、県が物資調達・輸送を行い、国はその後方支援及び財政援助（災害救助法に基づく国・県各1／2負担が基本）を行うというものだった。

しかし、宮城県との連絡を取り合っていた担当者は、東北最大の物流拠点である仙台湾沿岸が津波で被災し、物流倉庫、物流関係事業所等が壊滅している等甚大な被害が広範に生じており、また、県庁そのものも被災し機能が著しく低下している状況で、県による物資の調達・輸送の実施は困難な状況と判断されるとの状況に直面することとなった。

　この頃、緊対本部事務局の運営総括事務に従事していた私も、宮城県庁から、「東北の物流基地は仙台湾沿岸に集中しているが、それが津波によって壊滅し、物資もトラックも流失してしまった。県庁も被災し、自由がきかない。災害対策マニュアルでは、緊急物資の調達・輸送支援は地元県の担当事項となっているが、県では全く対応困難な状態なので、助けてほしい」との要請電話を受けた。そして、それに前後して、事案対処班からも、

【図1 - 11】宮城県が設けた物資拠点（3.18）
（出典：仙台市）

県による物資の調達・輸送の実施は困難な状況と判断されるとの報告があった。

　こうした報告に接し、緊対本部事務局内では、直ちに防災大臣以下の幹部メンバーで協議を行った。その結果、このような状況の下では、緊対本部が自ら物資を調達して搬送するしかないと判断し、そうした取組みを急遽開始することを決断し、事案対処班にその旨の指示をした。

こうして、事案対処班は、各省庁の協力を得ながら、事案対処班が自ら東京等で支援物資を買い上げ、岩手・宮城・福島の三県が設けた物資拠点【図１‐11】へ搬送するという、既存の制度的枠組がなく前例もない取組みを開始した。

その後、日付が変わった３月12日の深夜、事案対処班から緊対本部事務局の幹部メンバーに対し、「民間企業に調達をかけるにあたり、当初予算に予算措置がないが、費用負担をどうしたらよいか」との伺いが上がってきた。当時の災害対策マニュアルでは、こうした業務が地元県の担当とされていたため、国の当初予算には費用計上がなかったのである。予算措置がないのに物資調達等の契約（支出負担行為）を行えば、会計法や予責法に抵触する可能性がある。

小雪がちらほら舞っているような早春の東北。まだ寒さが抜けきらない中で、避難所の人々は、毛布と食料と水のない状態が続けば、命の危機に晒されるかもしれない。そんなことが懸念されるような時季であった【図１‐12】。

私は、思わず、防災大臣や上司に「このオペレーションを止めることはできないと思います」、「予算については詳細を後日整理することとし、事案対処班に続行するよう、指示させてください」と迫っていた。それに対し、防災大臣は静かに賛同してくれた。

そこで、私は、３月12日深夜２時頃、「費用負担については一切心配せずにどんどん物資等の確保、輸送等を進めること」という指示を手書きでしたため、そのコピー50枚を事案対処班に配布すると同時に、並行して予備費の使用に関する閣議決定に向けた調整を開始した。

被災者を守るためには、オペレーションを続けるしかない。費用負担についてうまく整理できるかどうか分からないし、法律に触れるかもしれないが、そういう法律を超える決断をする以外に道はない、と決心した瞬間であった。自分ごときが言っても笑止ではあろうが、必要なら、後日いかようにも責任をとろうなどとも考えていた。いずれにしても、自分の中に迷いは一切なかった。

【図1 - 12】仙台市内の避難所（3.13）
（出典：仙台市）

この費用については、当初の3日分は行政経費間の流用を行い、3月14日以降分には予備費（302億円、国費10／10）を充当する方法で予算執行され、清算時点で寄付の申し出が相次いだこともあり、最終的に全額当初予算で賄い、法律に触れることなく完了した。

この物資支援については、内閣府男女共同参画局から、被災地への物資輸送について、生理用品、粉ミルク、おむつ、哺乳瓶（消毒用具も含め）、離乳食、子供用スプーン、おしりふき（ウェットティッシュ）を女性の立場に立って加えるよう配意方申入れがあり、そのような配慮を行う形で実施された。

事案対処班は、各府省庁からの参集者を得て、３月11日夕刻から30人体制で業務を開始していた。しかし、その人員規模では到底足りないと判断されたため、同日夕刻に、総括参事官から内閣府及び各省庁の人事担当課長に応援人員の派遣要請を行い、各府省庁からの多大な協力を得て人員数を確保した。

その結果、事案対処班の人員規模は、３月20日時点では約70名規模に拡大していた。そして、その体制は、同日12時に立ち上げられた被災者生活支援特別対策本部（後の被災者生活支援チーム）に承継された。

10．発出されなかった「災害緊急事態の布告」

３月16日（水）午後から夜間にかけて、官邸及び与党から、「災害緊急事態の布告」をめぐる緊対本部事務局の考え方に関する確認があった。

災対法第１０５条は、非常災害に対する災害応急対策を推進するため特別の必要があると認めるときは、内閣総理大臣は、「災害緊急事態の布告」を発することができると規定している。そして、その場合に発動する緊急措置として、「国会が閉会中」等のときには、生活必需物資の配給・譲渡・引渡しの制限・禁止、物の価格等の最高額の決定、金銭債務の支払延期・権利の保存期間の延長等の通常法律の制定を要する措置を政令で定めうる旨規定している（同法第109条）。

緊対本部事務局内では、直ちに防災大臣以下の幹部メンバーで協議を行った結果、この布告を発すべきか否かについては、①この布告は、災害応急対策推進上の特別の必要にかんがみて発動するものと規定されているが、その必要性は、第109条に列記された緊急措置の必要性が現実に生じているかどうかとの観点から判断されるべきと考えられること、②発災当時は同法が規定している「国会が閉会中」等の状況にないこと、等を総合的に勘案して判断すべきものであるとの認識を共有し、官邸及び与党にその旨を回答した。

11．緊対本部事務局員の奮闘

発災後、官邸内では、3月22日頃に関係者が官邸を撤収するまで、緊急参集チーム及び緊対本部事務局に関係する政府職員が昼夜を問わず常駐し、随時散発的に関係省庁の間で情報共有、連絡調整等を行った。緊急参集チームに係る事務に従事した職員は、緊急参集チームに係る事務と緊対本部事務局に係る事務を、連続的・並行的に遂行した。

緊対本部事務局（事案対処班を含む）の業務に従事する人員規模は、最大時で約２００名前後に達した。こうした要員は、内閣府及び各省庁の人事担当課長に応援人員の派遣要請を行い、各府省庁の協力を得て確保された。

緊対本部事務局の執務室は、内閣府庁舎内に設置することとされていたが、当時は同庁舎内に十分な設備が用意されていなかったこともあり、東日本大震災の際には、官邸危機管理センター内で12日昼夜連続での事務局運営を行うこととなった。しかし、官邸危機管理センターは、主として緊急参集チームによる初動対応（発災から72時間前後）を想定したもので、緊対本部の事務局の継続的執務場所となることは想定されていない。この12昼夜の間、各職員は、執務インフラ（業務設備、事務器具、仮眠設備等）が到底十分とはいえない中での奮闘を行った。

本部事務局は24時間連続運営を継続しなければならず、休業する暇はない。発災直後の２日間ほどは、官邸に入った職員は、睡眠も食事もとらず、入浴も着替えもできない状態が続いていた。

このため、３月12日（土）の夕方に、官邸で執務中の職員の食事については、庶務担当が弁当を調達し、官邸に搬入するよう指示し、同日深夜頃から食事の提供を開始した。

発災から3日目の3月13日（日）頃から、内閣府の本部事務局職員は輪番で執務することになり、帰宅時に着替え、入浴、睡眠、食事等を行うこととなった。交代サイクルは、人的資源の制約等も考慮し、12時間×2交代運用となっていった。

ただし、政策統括官と私は、官邸に常駐し続ける必要があった。3月12日（土）の夜から、政策統括官には、夜間のわずか数時間だけ防災官舎（千代田区内）に戻り、着替え、入浴、睡眠等を確保してもらうこととした。そして、私は、夜間は、官邸危機管理センターの椅子に座り、もう一脚椅子を向かい合わせに置いて、そこに足を乗せて睡眠をとり、日中に防災官舎に短時間戻り、シャワーを浴びた後に再び官邸危機管理センターに戻るということを何度か行った。

12．被災者生活支援特別対策本部（後の被災者生活支援チーム）の立上げ

3月17日（木）の第12回緊対本部会議において、「被災者生活支援特別対策本部」の設置が決定された。

この本部は、事案対処班の行っていた被災者支援業務の実施体制の強化を図るため、緊

対本部の下に、防災大臣を本部長として設置されたものである。副本部長には内閣府副大臣（国家戦略等担当）等が任ぜられ、事務局は、事務局長（内閣府副大臣〈国家戦略等担当〉が兼務）の下に、各府省庁からの派遣者により１００名余の体制が整備された。

この本部の主な任務は、生活必需物資等の調達及び輸送、避難所の生活環境の改善、居住の安定化の推進、保健・医療・福祉・教育等のサービスの確保等、被災者の生活支援に関し、関係行政機関、地方公共団体、企業等関係団体等との調整とされた。

なお、この本部の名称は、２０１１年5月9日に「被災者生活支援チーム」に変更されている。

この本部事務局体制は、３月20日（日）12時に、内閣府本府地下講堂において１００名余の体制で立ち上がり、直ちに24時間体制での業務を開始した。これに伴い、官邸内で対応に当たっていた事案対処班（70名体制）は、そのまま同本部事務局に移行した。

13．官邸からの撤収と国会審議の開始

発災以来、政府の関係職員は、官邸危機管理センターに常駐し、昼夜を問わず、関係省庁の間での情報共有、連絡調整等を行いながら、各種の調整を継続してきていたが、３月

【図１‐13】参議院予算委員会で答弁する筆者（3.22）
（撮影：太田真三）

22日（火）、初動対応に一定の区切りがついたものとして、内閣府防災等の初動参集要員は官邸を撤収した。私は、ここまでを初動対応段階、その後を応急対応段階と呼ぶこととしている。

一方、3月18日（金）に開催されていた参議院予算委員会の理事懇談会では、同月22日（火）10時より災害状況に関する政府側からの報告聴取及び一般質疑を行う方針が確認されていた。政府側の出席者は「財務大臣及び要求大臣（大臣は可能な限り出席、副大臣・政務官・政府参考人の活用も可）」、「政府側が防災服で出席することは可」とされた。

このようにして、3月22日、国会は、参議院予算委員会において、初の震災に係る審議を行った【図１‐13】。

この審議における内閣府防災の対応者について

は、この時点でも、防災大臣や政策統括官は被災地への対応を優先せざるを得ない状況であったため、災害報告を防災副大臣が行い、質疑対応は防災副大臣及び政府参考人（内閣府〈防災担当〉総括参事官）が行うこととなった（多忙を理由にした政務三役の出席免除及び役人〈参事官級以上〉の答弁を認める等の覚書が各党国対間で了解されていた）。

この審議は、3月22日10時～16時58分に行われ、東日本大震災に関する初めての国会審議となったが、地震・津波及び原子力災害に関する本部並立状態の簡明化、災対法第105条に基づく「災害緊急事態の布告」を発しない理由、原発20～30km圏への物資輸送の強化、災害復旧事業に対する支援強化、被災者生活支援金の支援額の引上げ等をめぐる議論が行われた。

予算委員会での答弁を政府参考人が行う例は少なく、しかも、それを参事官級の職員が防災服着用で行ったということは極めて異例のことであったが、その後しばらくの間は、震災に係る議論を開始した他の委員会においても、答弁者を政府参考人（参事官級以上）対応とする例が少なからずみられることとなった。

翌3月23日（水）9時45分～50分の参議院予算委員会理事懇談会では、野党側から「昨日内閣府は参事官が答弁していたが、非常にしっかりした答弁でありがたかった。ただ、参事官というのはどうなのか」との指摘があり、与党側が「できるだけ参事官以上に対応させたい。しかし、一番精通しており、やむを得ないか」と応答する場面があった。

14. そして本格的な復旧・復興へ

初動・応急対応の段階においては、政府（各省庁）は、緊対本部の総合調整の下で、【図1-14】のような事案対処を行った。

そして、その後の東日本大震災への対応は、本格的な復旧・復興に向けて進んでいくこととなる。

DMAT派遣　最大193チーム
広域医療搬送　岩手県13名、宮城県92名、福島県16名
国直轄の緊急物資支援　食糧2,621万食、飲料水794万本、燃料等1,603万ℓ、マスク438万枚、トイレットペーパー38万個等
部隊派遣　《防衛省》最大時107.0千人、《警察庁》延べ307.5千人、《消防庁》延べ103.6千人、《海上保安庁》延べ船艇4.4千隻等、《救出・救難》総数2.7万人以上
海外支援受入れ　《救助隊受入れ》29か国・地域・機関、《救援物資受入れ》64か国・地域・機関、《米軍によるトモダチ作戦》空母・艦船20隻、航空機160機、人員2万人以上
国交省緊急災害派遣隊（TEC-FORCE）　延べ16.9千人

【図1-14】政府の主な事案対処

２０１１年６月24日、内閣府防災は、各省及び関係府省からのストック（建築物、ライフライン施設、社会基盤施設等）被害額情報に基づき、東日本大震災における被害額が約16・９兆円（阪神・淡路大震災の約９・６兆円の１・８倍）と推計される旨を発表した。

そして、同日には、東日本大震災復興

基本法が公布・施行され、同月28日に東日本大震災復興対策本部が発足した。これに伴い、被災者生活支援チームは、７月22日以降、被災者支援関係事務（避難者支援等）を東日本大震災復興対策本部事務局に引き継ぎ、各府省庁から同チームへ派遣されていた職員は、同日までに、大半の職員が派遣元府省庁に復帰した。

そして、７月29日には、東日本大震災復興対策本部において、「東日本大震災からの復興の基本方針」が決定された。この基本方針では、復興期間を２０２０（平成32）年度までの10年間と定め、復興の基本的考え方として、復興を担う行政主体は市町村が基本になること、東日本大震災復興基本法第２条の「基本理念」や東日本大震災復興構想会議が定めた「復興構想７原則」にのっとり推進すること、復興支援の体制については、復興庁（仮称）の創設について年内に成案を得るとともに、その後速やかに設置法案を国会に提出すること、復興庁（仮称）の発足までの間は、東日本大震災復興対策本部が復興施策に関する基本的な方針の企画立案・総合調整等を行うものとされた。

その後、２０１１年10月20日に招集された第１７９回国会（臨時国会）において、復興庁の設置・任務等を定める「復興庁設置法」が成立した。こうして、東日本大震災への対応は、本格的な復興に向けた段階に移行していった。

第2章　東日本大震災の教訓

―巨大災害対策の設計思想―

東日本大震災（２０１１年）は、わが国の社会に、将来の巨大災害（首都直下地震、南海トラフ地震等）への備えが急務の課題であることを覚醒させた出来事であった。これらの巨大災害に備えていくためには、わが国は、今後どのような取組みを進めていくべきなのだろうか。

本章では、そうした、東日本大震災を教訓とする巨大災害対策の骨格的な柱となるべき考え方について述べる。

1．東日本大震災の本質

東日本大震災は、阪神・淡路大震災（１９９５年）と対比すると、①被災地が、過疎化・高齢化の進んだ農林水産地域中心であった、②被災範囲が極めて広域（震度６以上の県が8県、阪神・淡路は1県）、③被害は建物倒壊でなく津波による壊滅が大半を占めた、等の特徴があった【図２‐１】。

【図２‐２】は、昭和20年以降の暦年を横軸にとり、自然災害による死者・行方不明者数をグラフ化したものである。戦後しばらくの間は、戦時中の治水対策の停滞もあって、毎年のように大型の水害が発生し、相当な数の人命が失われる時期が続いていた。そ

	阪神・淡路大震災	東日本大震災
発生日時	平成7年1月17日 5:46	平成23年3月11日 14:46
マグニチュード	7.3	9.0
地震型	直下型	海溝型
被災地	都市部中心	農林水産地域中心
震度6弱以上県数	1県(兵庫)	8県(宮城、福島、茨城、栃木、岩手、群馬、埼玉、千葉)
津波	数十cmの津波の報告あり、被害なし	各地で大津波を観測(最大波 相馬9.3m以上、宮古8.5m以上、大船渡8.0m以上)
被害の特徴	建築物の倒壊、長田区を中心に大規模火災が発生。	大津波により、沿岸部で甚大な被害が発生、多数の地区が壊滅。
死者 行方不明者	死者6,434名 行方不明3名 (平成18年5月19日)	死者15,270名 行方不明者8,499名 (平成23年5月30日現在)
住家被害(全壊)	104,906	102,923 (平成23年5月26日現在)
災害救助法の適用	25市町(2府県)	241市区町村(1都県) (※)長野県北部を震源とする地震で適用された4市町村(2県)を含む
震度分布図(震度4以上を表示)	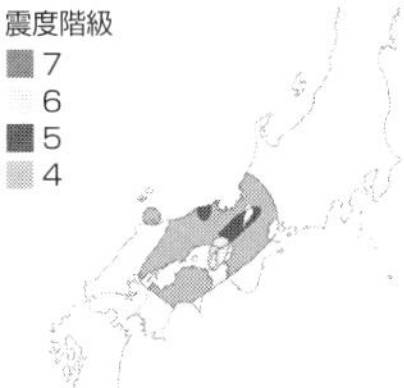	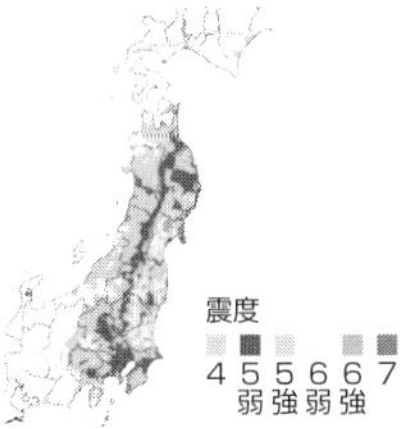

(内閣府資料)

【図２－１】阪神・淡路大震災と東日本大震災の比較（平成23年版防災白書より）

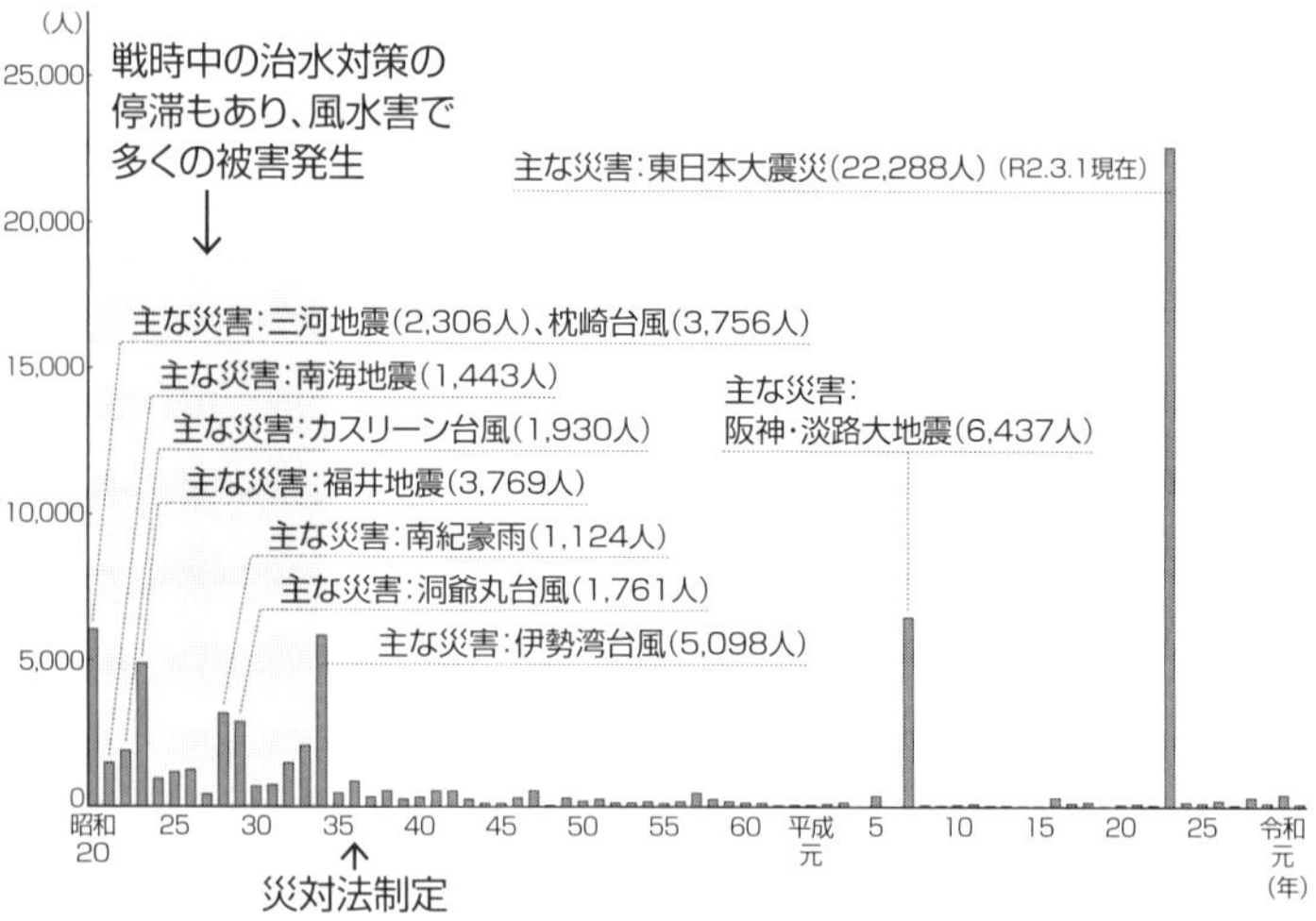

【図２－２】戦後日本の自然災害による死者・行方不明者数

して、１９５９年の伊勢湾台風（死者４６９７名、行方不明者４０１名）を契機に、１９６１年に災対法が制定され、戦後日本の防災制度の基層が形成された。

日本の防災制度は、こうした経緯から、主として風水害を念頭に置き、地方公共団体（特に市町村）が主役となり、国は後方から支援するという思想により制度設計されている点が大きな特徴となっている。内閣と各省の関係についても、各省の機能を十分に発揮させつつ、その総合性を与えるための総合調整の仕組みを作るという考え方によって構築されている。

災対法の制定後、治山治水緊急措置法（１９６０年）、河川法（１９６４年）等

の基盤的制度が整備され、その上に、治水に関する公共投資等が大幅に拡充され、その結果、災害が原因でそこまで多数の死者は出ないという時期がしばらく続いた。

しかし、こうした平穏は、１９９５年の阪神・淡路大震災によって突然打ち破られた。大地震は、風水害のようなリードタイムがなく、突然発生する突発型災害である。この突発型災害への政府の初動対応は遅く、そのことが非常に強く批判されることとなった。そして、この反省の上に、突発型大地震に備えた緊急参集チーム制度、防災官舎等、初動対応力の強化等が行われた。こうした手当てが、東日本大震災の初動対応の迅速性に結び付いたものと考えられる。

しかし、阪神・淡路大震災の後に構築された防災行政システムは、阪神・淡路大震災相当の規模の災害を想定して構築されたものであった。その後、２００１年の中央省庁再編（いわゆる橋本行革）の際には、国土庁防災局を内閣府防災担当に移行させる等の改革がなされたものの、この時もその点に関する変化はなかった。

このような歴史の上に、２０１１年3月11日、東日本大震災が発生したのである。【図2-2】をみれば一目瞭然であるが、この災害は阪神・淡路大震災の何倍もの大きさを持つ巨大災害であった。

東日本大震災が発生した時点で用意されていた防災行政システムは、阪神・淡路大震災相当の規模の災害を想定したものであり、東日本大震災のような巨大災害に対応するには小さいものであった。「牛を割くに鶏刀を用いた」とでも言ったらよいだろうか、そうしたシステムに、臨機の修正や応用動作を加えつつフル稼働させて、「想定外」の規模の災害への対応を遂行したのが、東日本大震災（地震・津波）の初動・応急対応の本質であった。

今、わが国では、【図2-2】のグラフの右方に、東日本大震災の何倍もの高さを持つことになるであろう首都直下地震や南海トラフ地震等の巨大災害が、30年以内に70％等の確率で発生すると想定されている。

わが国にとって、今までに経験したことのない巨大災害への対処戦略を構築していくことが避けられない課題であることは明白である。

将来、巨大災害が発生した時には、日本人が、東日本大震災の教訓を踏まえ、将来の巨大災害に備えて何を遺したかが問われることとなる。今の時代を生きる日本人は、東日本大震災の教訓を踏まえた巨大災害対策を構築し、実行していく責務があることを自覚する必要がある。

2. 巨大災害の定義

「巨大災害」という用語は、阪神・淡路大震災後に使用例が散見されるようになったものである。たとえば、１９９６年には、京都大学防災研究所に巨大災害研究センターが設置されている。

その後、東日本大震災が発生後、この語は本格的に広範に使用されるようになった。「巨大災害」が具体的にどのような災害を指すのかについては、一義的に定まった基準はないが、京都大学名誉教授の河田惠昭氏が「一般的には人的、経済被害が未曾有となる災害」としつつ、「ここでは死者が千人以上の場合と定義して検討する」としている例がある（『国難となる巨大災害に備える』ぎょうせい、２０１５年）。

私は、「巨大災害」をどう定義するかについては、その定義に基づく政策論議の実益を考慮して定めることが望ましいと考える。巨大災害というカテゴリーに属する災害に共通の性質を洞察し、その対策に関する有意義な示唆を導き出せるような文脈の中で巨大災害の定義を概念化するということである。

そのような視点からみると、東日本大震災後に「巨大災害」という用語をもって語られた災害に共通する性格は、現在の防災に関する備えでは不安がある大規模な災害のことを指すといってよいであろう。そこには、しっかりとした備えをしていかなければ、わが国は、深刻な国難（国家レベルの危機）に直面するおそれがあるのではないか、といった強い危機意識が介在していたと思われる。

私は、「巨大災害」とは、素直に、そのような規模の災害のことである、とすればよいのではないかと考える。これは、河田氏による「未曾有の災害」という一般的定義とほぼ同様の考え方といえるであろう。

そうした巨大災害の具体的規模感については、いろいろな議論がありうるところかもしれないが、私自身は、東日本大震災及びそれ以上の規模の災害であり、具体的には、東日本大震災のほか、首都直下地震や南海トラフ地震等がそれに該当すると考えている。ただし、将来的には、防災対策の進展その他の状況変化に伴い、このような規模感は変化していく可能性があるであろう。

なお、東日本大震災後には、「国難災害」という用語もしばしばみられるようになっている。この用語は、このままでは、巨大災害が発生した場合には「深刻な国難」に直面する懸念があるとの警鐘を打ち鳴らすことに力点を置く表現と考えられるが、私自身は、「巨大災害」と概ね重なるものと理解している。

いずれの表現を用いるにしても、重要なことは、わが国が将来、巨大災害によって深刻な国難に直面する事態を未然に回避すべく、そうした災害に備えるための政策論議が深まり、それに基づく努力が確実に推進されていく道に向かって歩み出すことであろう。

3．東日本大震災の教訓　―巨大災害対策の設計思想―

東日本大震災の教訓を踏まえると、今後の巨大災害対策は、どのような考え方を基本に進めるべきなのだろうか。そのような巨大災害対策の骨格的な柱となるべき設計思想について述べることとしたい。

(1)「最大級の巨大災害」を直視せよ

東日本大震災の最大の教訓は、「最大級の巨大災害リスクを直視し、それに備えることが不可欠である」ということにある。

東日本大震災は、平安時代初めの貞観《じょうがん》11年（８６９年）の陸奥国《むつのくに》の地震津波以来の１１４２年ぶりの巨大地震であったとされている。

このように、日本列島及びその周辺は、発生頻度は非常に低いものの、一定の長期的な周期（数百年以上）で必ず発生し、ひとたび起きれば極めて甚大な被害をもたらす巨大災害の発生から免れられない宿命を有している。東日本大震災は、日本が、そうした宿命を持っているという事実を厳然と突きつける出来事であった。

たとえば、関東地方では、関東大震災（１９２３年〈大正12年〉）の68年前、１８５５年（安政２年）に安政江戸地震が発生している。しかし、安政江戸地震は、１８７２年（明治５年）のわが国初の近代的な地震観測以前のことで、近代的な観測データは存在せず、不明な部分が多い。

こうした状況が、ともすれば、将来の巨大災害の発生リスクを直視した対策が十分に講じられにくい傾向に結び付く可能性があったことは否定できないであろう。しかし、東日本大震災後は、古文書、堆積物、地形等の定性的な情報の判読等に基づき、こうした「最大級の巨大災害」を定性的に想定し、対策を着実に推進していくことが不可欠であることが広範に認識されるようになった。

災害事象による被害は、観測値が確定しておらず、どのような被害が発生するのか、あるいはしないのかについて、様々なケースが想定され、確率的にしか扱うことができない。このような不確実性を持つ事象に備える政策の便益は、その被害軽減額の期待値（様々なケースにおける被害軽減額にそれぞれの発生確率を乗じて算出した加重平均）と考えることができる。それを定量的に算定することは簡単ではないが、少なくとも定性的には、そうした認識軸の上での議論がなされるべきであろう。

しかし、ひとたび起きれば極めて甚大な被害をもたらすが、発生頻度は極めて低い巨大災害への対策の便益は、その正確な定量的把握が特に困難であるため、明示的に考慮に入れにくい。このクラスの巨大災害については、既往の観測データが存在しない場合が多いことが、そうした状況をさらに増幅する。このようにして、巨大すぎるリスクについては、リスクの存在を直視しない、あるいは、リスクの存在を認識しても有効な対策を打とうとしない心理的バイアスが働きがちである。

金融分野でも、「テール・リスク」（正規分布図の尻尾の部分に相当する事象）あるいは「ブラック・スワン」（あり得ないと信じられていたが、そうではなかったことが判明して、衝撃をもたらすもの）と呼ばれるリスクについては、資産格付け等に当たって考慮対象外とされるのが通例である。

東日本大震災は、このような「最大級の巨大災害」を想定し、それに備えなければならないという重要な教訓を残した。わが国に新しい政策分野の重要性を突きつけた出来事であったといってよいであろう。

（2）「減災」の重要性　―災害レジリエンスのある国づくり・まちづくり―

災害の原因となるハザード（自然現象）そのものは、人間の力では制御することができない。しかし、それがもたらす被害については、制御したり、減少させたりすることができないわけではない。

特に、中小規模の災害については、津波堤防や耐震建築などのハードの対策や、避難などのソフトの対策によって、克服や防御をすることが可能である。伝統的な「防災」（disaster prevention, disaster control, disaster management など）の考え方は、このような克服や防御を目指す対策思想に立脚していたといってよい。

巨大災害についても、このようにそれによる被害の克服や防御を目指す必要がある。しかし、ケタ外れの破壊力を持つ最大級の巨大災害に関しては、その被害を完全に克服・防御しようとしても、現実にはそれは不可能といわざるを得ない。こうした災害については、「被害ゼロは不可能」という前提に立ち、「起こりうる被害を最小化・最短化させる取組み」を積み重ねるしかない。こうした考えに立つ取組みを「減災」（disaster mitigation）という。巨大災害に対する現実の対策は、「減災」の考え方による取組みを主軸とせざるを得ないのである。

「減災」については、ハード・ソフトの様々な取組みや、あらゆる分野での取組みを総合化していく必要がある。「フェーズフリー」や「ニューノーマル」などの考え方が重要な要素になっていくと考えられる。

フェーズフリー（Phase Free）とは、平常時と非常時の2フェーズを区別せず、どちらのフェーズでも活用可能なものを採用するという考え方で、２０１４年に社会起業家・佐藤唯行氏が提唱し、防災分野等に広がりつつある概念である。日用品では、常温で備蓄できる食料品、アウトドアグッズ、液体シャンプー、簡易ベッドになる強化段ボール、掛布や寝袋になるクッション、多機能ラジオ（手回し・ソーラー充電、懐中電灯、目覚時計、モバイルバッテリー等）、非常時にバケツになるバッグ、非常時に計量カップになる紙コップなどが登場している。さらに、ＺＥＨ（net Zero Energy House）や非常用電源となりうるＥＶ（Electric Vehicle）などもフェーズフリーの具体例といえるし、インフラでは、竈《かまど》ベンチやマンホールトイレを備えた防災拠点公園、「道の駅」の防災拠点化などもその例といえる。今後は、人に関する情報を災害時における被災者支援への活用に直結しうるような制度整備や、それに基づく避難所運営などのソフト分野でも、フェーズフリーの考え方による取組みが進むことが期待される。

ニューノーマル（New Normal）とは、社会に起きた大きな変化によって定着した新たな常態のことであるが、近年においては、新型コロナウイルスの流行により、テレワーク、電子決済、オンライン会合の拡大などが飛躍的に進んだところであり、フェーズフリーについては、こうした要素も織り込んでいく必要があるであろう。災害時の避難所運営や被災者支援についても、感染症対策を考慮したものを追求していくことは重要な課題といえるであろう。

以上のような点を考慮した「減災」の取組みは、広い意味での「災害に強い国づくり・まちづくり」といい換えることが可能であろう。

被害を最小化・最短化させる減災には、「被害の発生を未然に減少させるための取組み」と、「被害が起きた後に、そこからしなやかに回復できるようになるための取組み」という2つの要素が関係するが、後者のように、ストレス（stress：外力による歪み）がかかった時に、それを跳ね返して元に戻る回復力や弾性（しなやかさ）のことを「レジリエンス（resilience）」と呼ぶ。

バネに力が加わった場合に、一定の限界を超えて大きく変形すると、元の状態に戻らなくなるという現象が起きることがある。このように、加える力を元の状態と同じに戻しても、元の状態に戻れなくなってしまうことを「ヒステリシス（Hysteresis：履歴効果）」という。一言でいえば「取り返しのつかない事態」といってよい。

阪神・淡路大震災（１９９５年）により神戸港の機能は大きな被害を受けた。神戸港の復旧に大きな時間がかかったこともあり、多くの企業が神戸市から移転し、その後の神戸市の地域経済に大きな影響を及ぼすことになったといわれている。このほか、リスボン大震災（１７５５年）が、ポルトガル経済の基礎体力を奪い、今日に至るポルトガルの衰退「失われた２５０年」の契機となったという指摘も存在する。

ここでそれらの指摘の当否に深入りすることは避けるが、この種の現象が生じたならば、それは、取り返しのつかないヒステリシスの例ということができる。

いずれにしても、巨大災害が深刻な国難をもたらし、一国の存亡や深刻な衰退に結び付く可能性を否定することはできないであろう。将来の巨大災害の際に、ある地域の人口が一定の限界を超えて大きく失われ、被災地が元の状態に向かって回復していく力自体が失われてしまう可能性がないといえるだろうか。そのような懸念は、首都東京においてさえ、「ない」といい切れるのだろうか。

そうした最悪の事態を未然に回避していくために、足を地に着けた減災の取組みのための政策を創出し、着実に推進していく努力を積み重ねていく必要がある。

(3)「想定外の事態(相転移)」の想定 ―「臨機の対応力」の確立―

発生頻度が極めて低い巨大災害は、その発生態様も千差万別であり、災害像を固定化することは、およそ困難である。

東日本大震災では、地元自治体の壊滅や機能不全、被災地域と支援地域の遠距離化、母都市での就労機会が失われた中での被災者支援、原発災害も併発した複合危機の発生など、それまでの大規模災害と質的に異なる想定外の状況に直面することとなった。

この経験に照らすと、東日本大震災から学び取るべき重要な教訓として、「巨大災害の際には、想定外の事態に直面することとなる」ということを「想定」する必要がある。

このような現象を、河田惠昭氏は、物質科学の概念である「相転移」(Phase Transition)に喩えている。これは、同じ「水」という物質が、温度変化によって固体から液体、そして気体にガラリと変化するような現象のことをいう。巨大災害の際には、このように想定しきれない相転移に突然直面することになるのが普通であるということを覚悟する必要がある。

であるならば、このような想定外の事態に直面した際の「臨機の対応力」を確保することが非常に重要な課題となってくることとなる。次章で取り上げる憲法の緊急事態条項をめぐる議論は、この点に深く関係する問題の一つといえる。

（４）巨大災害対策のための防災行政体制の確立

東日本大震災の発生時には、内閣府防災の体制は、政策統括官（防災担当）及び内閣府大臣官房審議官（防災担当）の下に、５参事官以下58名の常勤職員が配備された体制に過ぎなかった。

そして、この震災の後、首都直下地震、南海トラフ地震等の将来の巨大災害に備えるため、防災省（庁）などの国家行政機関の設置を含め、巨大災害に対応していくために必要な防災行政体制を確立するべきという議論が活発に行われるようになった。

その後の時間の経過の中で、この問題については、十分に議論が深まることがないまま、下火になってしまった状態となっているが、この問題について正しい方向を見定めることの重要性は、今なお失われていない。

巨大災害の本質についての理解が深まり、それをもとに、巨大災害を想定した場合の防災に関する国家機能のあり方について十分な議論がなされ、あるべき国家機能に照らして、必要な防災行政体制を確立していく必要がある。その具体的なポイントとして、次のような点が挙げられる。

第一に、東日本大震災が発生した時点で用意されていた防災行政システムは、阪神・淡路大震災相当の規模の災害への応急対応を想定したものであり、東日本大震災のような巨大災害に対応するには小さいものであった。これに対して、今後は、首都直下地震、南海トラフ地震等の将来の巨大災害に備えるために必要な規模の体制を確保していく必要がある。

第二に、既に述べたとおり、日本の防災制度は、伊勢湾台風を契機に災対法が制定された中で、主として風水害を念頭におき、地方公共団体（特に市町村）が主役となり、国は自治体に対する支援的な機能を果たすことを想定したものとなっているが、将来の巨大災害に備えて、国の役割をより強力なものとしていく必要がある。

第三に、巨大災害の発生時には、国、地方及び民間の多数の組織による大規模な連携を可能とする制度的基盤を確立する必要がある。

第四に、東日本大震災以前の防災行政体制は、主に災害が発生した後の応急対応を念頭に置く体制であったが、巨大災害対策については、災害が発生する前の段階からの「減災」の取組みの積み重ねが不可欠である。

それは、ハード・ソフトの様々な取組みや、あらゆる分野での取組みを総合化した「減災」の取組みでなければならない。これには、フェーズフリーやニューノーマルなどの考え方も重要な要素になってくることが想定され、それは広い意味での「災害に強い国づくり・まちづくり」と言い換えられるものでもある。

それは、応急対応の問題にとどまるものではなく、あらゆる行政分野に関係する広範な政策の企画立案及び推進を必要とする。そのような取組みの中核機関となるべき政策官庁の機能を確立する必要がある。

（５）逆境こそが進歩の源泉　―成長戦略への発展―

日本は、災害が発生しやすい国土条件を持つ「災害大国」である。しかし、日本が災害大国であるという宿命を強調するばかりでは、実りあるものは何一つ生まれない。

活発な地質活動のある国土は、起伏にとみ、独特の豊かで美しい風景を形づくっている。火山周辺地域における温泉も、日本列島のもたらす恵みといえる。また、自然災害をもたらす自然の力は、他方では、豊かで優れた水質の水資源や農林水産物等の恵みをもたらしている。こうしたわが国独特の風土の中で、日本には独特の自然観や世界に誇る個性的な文化が発達している。さらに、日本の排他的経済水域（ＥＥＺ）内には、海底熱水鉱床、コバルトリッチクラスト、メタンハイドレード、マンガン団塊等の資源が豊富に埋蔵されている。これもまた、日本の国土の地学的特性と無縁ではない。

【図２‐３】寺田寅彦氏の「災難の進化論的意義」（『災難雑考』〈1935年〉より）

　もしもこのように災難の普遍的恒久性が事実であり天然の法則であるとすると、吾々は「災難の進化論的意義」といったような問題に行き当らないわけにはいかなくなる。平たく云えば、吾々人間はこうした災難に養いはぐくまれて育ってきたものであって、ちょうど野菜や鳥獣魚肉を食って育ってきたと同じように災難を食って生き残って来た種族であって、（中略）
　古い支那人の言葉で「艱難汝を玉にす」といったような言い草があったようであるが、これは進化論以前のものである。植物でも少しいじめないと花実をつけないものが多いし、ぞうり虫パラメキウムなどでもあまり天下泰平だと分裂生殖が終息して死滅するが、汽車にでものせて少しゆさぶっていると復活する。このように虐待は繁殖のホルモン、災難は生命の醸母であるとすれば、地震も結構、台風も歓迎、戦争も悪疫も礼賛に値するのかもしれない。
　日本の国土などもこの点では相当恵まれているほうかもしれない。（後略）

　われわれ日本人は、災害大国の宿命を受け止めながら、同時に、そうした恵みを享受していることも併せて認識するべきであろう。

　逆境こそは進歩の源泉である。寺田寅彦氏は、関東大震災後に著した随想の中で、「災難の進化論的意義」（災難は生命を活性化し、強くする面がある）という考え方を述べている【図２‐３】。

　防災や減災を戦略的に各般の研究開発、経営管理、経済成長戦略や国づくり・まちづくり等の基本指針とし、不断の努力を積み重ねていくことは、わが国の様々な分野において、イノベーションや内需拡大の源泉となり、わが国の社会経済を活性化し、わが国の進歩の基礎や原動力となる可能性がある。

巨大災害に対峙していくための「災害に強い国づくり・まちづくり」をわが国の成長戦略の軸にしていくことが望まれる。

第3章　憲法改正の論点

――災害緊急事態制度をどう考えるか――

東日本大震災（２０１１年）の発生後、将来の巨大災害への対策の重要性にかんがみ、国会をはじめ各方面で、憲法への緊急事態条項の導入をめぐる議論が、行われるようになった。

東日本大震災の初動・応急対応の経緯においては、わが国の災害緊急事態制度のあり方について、いくつかの重要な論点を提示するエピソードが存在している。私は、そうした論点の内容について、これまでに何度となく論文や論説の発表を行ってきたが、私が提示する論点に関する議論は十分になされないまま、今日に至っているのが現実である。

そうした中、第26回参議院議員選挙（２０２２年7月10日投開票）に際しては、各政党が、憲法改正論議について、各々の立場からの公約を発表し、この選挙の結果、改憲に前向きとされる4党（自由民主党、公明党、日本維新の会、国民民主党）は参議院において１７７議席（72・2％）を獲得し、無所属議員を加えた改憲勢力は、衆参両院において、憲法改正発議に必要な3分の2以上の議席を確保するに至った。そして、選挙後は、衆参両院の憲法審査会の審議回数が顕著に増加してきている。

このような状況を踏まえ、本章においては、東日本大震災の初動・応急対応の経緯から示唆される災害緊急事態条項をめぐる改憲の論点をあらためて提示したい。

憲法というわが国の基本制度については、国民の論議を通じ、大方の納得感を得た形で方向が見出されていく必要がある。したがって、この問題に関しては、私自身は、論点の提示にとどめ、幅広くオープンな議論が深まり、国民の進むべき方向についての共通認識が形成されていくことを願うものである。

1. 緊急事態条項とは何か

はじめに、憲法の緊急事態条項とは何か、という点について述べておくこととしたい。

一般に、緊急事態条項とは、戦争、テロ、大規模災害などの非常事態が発生した場合に、国家がその存立と国民の生命・安全を守るために、政府や国会の権限を一時的に強化する根拠となる憲法上の規定のことをいう。

西修氏（２０１６年）によれば、１９９０年以降、今日までに制定された１０３か国の全ての国の憲法に国家緊急事態条項が設定されている。

わが国においては、大日本帝国憲法（旧憲法、１８８９年発布・１８９０年施行）には、この緊急事態条項に相当するものとして、天皇の国家緊急権に基づく緊急勅令や緊急財政処分などの規定が置かれていたが、日本国憲法の制定時には、これらの規定は設けられなかった。

私は、東日本大震災の初動・応急対応の経緯の中には、大規模災害が発生した場合における緊急事態制度のあり方についての問題を提起するいくつかのエピソードが存在していたと考えている。本章では、そうした改憲の論点を提示するが、ここで私が論じる対象は、緊急事態条項全般についてではなく、巨大災害との関連における緊急事態条項のあり方であるため、以下、あえて「災害緊急事態条項」との表現を用いる。

2．東日本大震災後の改憲論議の動向

東日本大震災後、日本国憲法に「緊急事態条項」を導入すべきか否かという議論がみられるようになった。

自由民主党（以下、「自民党」という）は、震災の翌年（2012年）に、緊急事態条項の創設を含む「日本国憲法改正草案」（以下、「自民党改憲案」という）を公表した。結党以来、自主憲法制定を党是としてきた同党は、2009年8月の総選挙において国民から「厳しい審判」を受けて政権離脱した後、「自民党のあり方を立党の理念から見つめ直し」（注：2012年12月総選挙に向けた選挙公約より）、2010年に新綱領を制定し、サンフランシスコ平和条約発効（主権回復）の日から60周年となる2012年4月28日に「日本

国憲法改正草案」を発表した。

この自民党改憲案の第9章においては、いわゆる「緊急事態条項」として、外部からの武力攻撃、大規模な自然災害などの法律で定める緊急事態において、内閣総理大臣が緊急事態を宣言し、これに伴う措置を法律の定めるところにより行えることを規定することを提唱している【図3-1】。

この自民党改憲案が公表された頃から、衆参両院の憲法審査会においても、緊急事態条項を含む憲法改正をめぐる議論が行われるようになり、次第に、国会以外の各界においても、緊急事態条項の導入をめぐる賛否両論の意見が活発に表明されるようになった。

双方の主張を要約すると、特に自民党改憲案の緊急事態条項について、巨大災害対策の推進等のために喫緊の課題とする意見がみられる一方で、①立法機能を国会から内閣に移し、緊急事態を継続させることで選挙を実施せず国会の構成を変えないことを意図する危険なものである、②司法のチェックが定められておらず、多数派与党に追認されるだけで、人権侵害が多発する危険性が極めて高い、③既に様々に災害対策の法整備がなされており、それにより対応可能な事項が多い等の意見がみられる状況となっていた。

その後、自民党憲法改正推進本部は、憲法改正の実現を目指し、①安全保障に関わる自衛隊、②緊急事態、③合区解消・地方公共団体、④国家百年の計たる教育充実の4項目を

【図３‐１】自由民主党「日本国憲法改正草案」(2012年）における
緊急事態条項案

第９章　緊急事態（緊急事態の宣言）
（緊急事態の宣言）
第98条　内閣総理大臣は、我が国に対する外部からの武力攻撃、内乱等による社会秩序の混乱、地震等による大規模な自然災害その他の法律で定める緊急事態において、特に必要があると認めるときは、法律の定めるところにより、閣議にかけて、緊急事態の宣言を発することができる。
２　緊急事態の宣言は、法律の定めるところにより、事前又は事後に国会の承認を得なければならない。
３　内閣総理大臣は、前項の場合において不承認の議決があったとき、国会が緊急事態の宣言を解除すべき旨を議決したとき、又は事態の推移により当該宣言を継続する必要がないと認めるときは、法律の定めるところにより、閣議にかけて、当該宣言を速やかに解除しなければならない。また、100日を超えて緊急事態の宣言を継続しようとするときは、100日を超えるごとに、事前に国会の承認を得なければならない。
４　第２項及び前項後段の国会の承認については、第60条第２項の規定を準用する。この場合において、同項中「30日以内」とあるのは、「５日以内」と読み替えるものとする。

（緊急事態の宣言の効果）
第99条　緊急事態の宣言が発せられたときは、法律の定めるところにより、内閣は法律と同一の効力を有する政令を制定することができるほか、内閣総理大臣は財政上必要な支出その他の処分を行い、地方自治体の長に対して必要な指示をすることができる。
２　前項の政令の制定及び処分については、法律の定めるところにより、事後に国会の承認を得なければならない。
　3　緊急事態の宣言が発せられた場合には、何人も、法律の定めるところにより、当該宣言に係る事態において国民の生命、身体及び財産を守るために行われる措置に関して発せられる国その他公の機関の指示に従わなければならない。この場合においても、第14条、第18条、第19条、第21条その他の基本的人権に関する規定は、最大限に尊重されなければならない。
　4　緊急事態の宣言が発せられた場合においては、法律の定めるところにより、その宣言が効力を有する期間、衆議院は解散されないものとし、両議院の議員の任期及びその選挙期日の特例を設けることができる。

優先的な検討事項として絞り込み、２０１８年に、これら4項目についての「条文イメージ」を提示した。

　緊急事態対応に関する「条文イメージ」としては、大地震その他の異常かつ大規模な災害が発生した場合における緊急政令制度と国会議員の任期特例に関する条文案が公表されている【図３‐２】。

　２０１２年に公表された自民党改憲案は、同党の結党理念を反映した内容となっており、緊急事態条項についてもフルスペックの内容が示されていたが、２０１８年に示された緊急事態条項の「条文イメージ」は、絞り込んだ内容となっている。

　その後、２０２２年7月の第26回参議院議員選挙に際しては、各政党が憲法改正論議に関する賛成・反対の立場からの公約を発表するという、過

【図３‐２】2018年に自民党憲法改正推進本部が公表した緊急事態対応の「条文イメージ」

第七十三条の二　大地震その他の異常かつ大規模な災害により、国会による法律の制定を待ついとまがないと認める特別の事情があるときは、内閣は、法律で定めるところにより、国民の生命、身体及び財産を保護するため、政令を制定することができる。

②　内閣は、前項の政令を制定したときは、法律で定めるところにより、速やかに国会の承認を求めなければならない。

（※内閣の事務を定める第73条の次に追加）

第六十四条の二　大地震その他の異常かつ大規模な災害により、衆議院議員の総選挙又は参議院議員の通常選挙の適正な実施が困難であると認めるときは、国会は、法律で定めるところにより、各議院の出席議員の三分の二以上の多数で、その任期の特例を定めることができる。

（※国会の章の末尾に特例規定として追加）

去にない状況がみられた。

この選挙の結果、改憲に前向きな４党（自民党、公明党、日本維新の会、国民民主党）の議員等のいわゆる「改憲勢力」が、衆参両院で、改憲発議に要する３分の２以上の議席を確保したため、今後、改憲論議が活性化する可能性が生じてきていると思われる。

しかし、改憲勢力の中でも、改憲案の中身は各々に異なっている。実際に発議に至るためには、政党間で発議内容に関する意見の一致をみなければならない。今後の議論が注目される状況といえるが、党派間の対話（熟議）を通じ、真に国民の利益に適う優れた方向が見出されていくことを心から期待するものである。

3．緊急事態条項の基本的性格
――「憲法に規定されなかった理由」が示唆するもの――

大日本帝国憲法には、今日の言葉でいう緊急事態条項に相当するものとして、緊急勅令や緊急財政処分などに関する規定が置かれていた【図3-3】。

しかし、こうした規定は、日本国憲法の制定（正確には、大日本帝国憲法の全部改正）の際には、設けられなかった。それは、なぜなのであろうか。

その理由は、帝国議会の議事録に当たることで確認することができる。

【図3-3】大日本帝国憲法における緊急事態条項

●緊急勅令（第8条）

天皇ハ公共ノ安全ヲ保持シ又ハ其ノ災厄ヲ避クル爲緊急ノ必要ニ由リ帝國議會閉會ノ場合ニ於テ法律ニ代ルヘキ勅令ヲ發ス

此ノ勅令ハ次ノ會期ニ於テ帝國議會ニ提出スヘシ若議會ニ於テ承諾セサルトキハ政府ハ將來ニ向テ其ノ効力ヲ失フコトヲ公布スヘシ

●緊急財政処分（第70条）

公共ノ安全ヲ保持スル爲緊急ノ需用アル場合ニ於テ内外ノ情形ニ因リ政府ハ帝國議會ヲ召集スルコト能ハサルトキハ勅令ニ依リ財政上必要ノ處分ヲ爲スコトヲ得

前項ノ場合ニ於テハ次ノ會期ニ於テ帝國議會ニ提出シ其ノ承諾ヲ求ムルヲ要ス

日本国憲法の制定は、厳密にいえば、帝国議会による大日本帝国憲法の全部改正という手続きを経て行われたものであり、当時の政府の提案理由に関する説明が、議事録に残されているからである。

具体的にいうと、第90回帝国議会の（衆）帝国憲法改正案委員会において、当時の第一次吉田茂内閣の金森徳次郎憲法担当国務大臣が、緊急事態条項を設けない理由を答弁している。それを要約すると、①民主主義の原則と国民の権利・利益を保護するためには、政府の一存（自由判断）による措置は抑制的に考える必要がある、②臨時国会等や平常時における立法措置によって対処できる、③過去何十年の日本の経験に照らすと、間髪を待てないという程の急務の例はない、との理由により、日本国憲法に国家緊急権あるいは緊急事態条項が設けられなかったと解することができる【図3‐4】。

であるならば、私は、あえてお尋ねしたいと考える。

第一に、「政府の一存（自由判断）による無限定的な措置」という点に関しては、たとえば、災害発生後の一定期間に限って、巨大災害の初動・応急対応に必要不可欠な事柄についてのみ適用し、対応後、速やかに、その正当性を追認する事後承諾等の措置を講じることを義務付ける等の制限を付した場合は、この結論はどのように変化するのか、あるいはしないのか、と。

【図3‐4】第90回帝国議会の（衆）帝国憲法改正案委員会議事録より（1946年）（下線は筆者加筆）

●金森徳次郎憲法担当国務大臣（1946年7月2日）

緊急勅令其ノ他ニ付キマシテハ、緊急勅令及ビ財政上ノ緊急処分ハ、行政当局者ニ取リマシテハ実ニ調法ナモノデアリマス、併シナガラ調法ト云フ裏面ニ於キマシテハ、国民ノ意思ヲ或ル期間有力ニ無視シ得ル制度デアルト云フコトガ言ヘルノデアリマス、ダカラ便利ヲ尊ブカ或ハ民主政治ノ根本ノ原則ヲ尊重スルカ、斯ウ云フ分レ目ニナルノデアリマス、併シ本当ニ言ツテ、国家ニハ色々ナ変化ガ起リ得ルノデアリマスルガ故ニ、全然是等ノ制度ナクシテ支障ナシトハ断言出来マセヌ、ケレドモ我我過去何十年ノ日本ノ此ノ立憲政治ノ経験ニ徴シマシテ、間髪ヲ待テナイト云フ程ノ急務ハナイノデアリマシテ、サウ云フ場合ニハ何等カ臨機応変ニ措置ヲ執ルコトガ出来マス

●金森徳次郎憲法担当国務大臣（1946年7月15日）

民主政治ヲ徹底サセテ国民ノ権利ヲ十分擁護致シマス為ニハ、左様ナ場合ノ政府一存ニ於テ行ヒマスル処置ハ、極力之ヲ防止シナケレバナラヌノデアリマス言葉ヲ非常ト云フコトニ藉リテ、其ノ大イナル途ヲ残シテ置キマスナラ、ドンナニ精緻ナル憲法ヲ定メマシテモ、口実ヲ其処ニ入レテ又破壊セラレル虞絶無トハ断言シ難イト思ヒマス、随テ此ノ憲法ハ左様ナ非常ナル特例ヲ以テ――謂ハバ行政権ノ自由判断ノ余地ヲ出来ルダケ少クスルヤウニ考ヘタ訳デアリマス、随テ特殊ノ必要ガ起リマスレバ、臨時議会ヲ召集シテ之ニ応ズル処置ヲスル、又衆議院ガ解散後デアツテ処置ノ出来ナイ時ハ、参議院ノ緊急集会ヲ促シテ暫定ノ処置ヲスル、同時ニ他ノ一面ニ於テ、実際ノ特殊ナ場合ニ応ズル具体的ナ必要ナ規定ハ、平素カラ濫用ノ虞ナキ姿ニ於テ準備スルヤウニ規定ヲ完備シテ置クコトガ適当デアラウト思フ訳デアリマス

第二に、「臨時国会等や平常時における立法措置で対処できる」という点に関しては、「臨時国会等での立法措置をまついとまがない」場合や、「平時の立法措置では想定を具体化しきれない措置が必要となった」場合については、どのように考えるべきなのか、と。

さらに第三に、「過去何十年の日本の経験に照らすと、間髪を待てないという程の急務の例はない」との点についても、東日本大震災の経験や今後の巨大災害の発生が想定されている科学的知見を踏まえてもなおそう言い切れるのか、と。

そして、制憲時の趣旨や判断は尊重しながらも、当時想定されていなかった事情変化に対応した見直しの必要性に関し、「国民の利益を最大化するという見地から、どう考えるべきか」という議論を行うこと自体は、不当とはいえないのではないか、と。

さらに申し上げると、このような認識の上に、東日本大震災（地震・津波）の初動・応急対応の事実経過を重ねると、日本国憲法への災害緊急事態条項の導入をめぐり、次節以降に述べるような具体的論点が存在するのではないか、と。

これらの点については、国会や国民の皆様の議論を通じて方向が見定められるべきものと考えるので、私がここで方向を述べることは差し控える。しかし、国会や国民の皆様方におかれては、これらの点に関して、何が真の意味で国民の利益に適うのかという観点から、是非とも真剣な議論を行っていただきたいと切望する。

4．改憲の論点

以下においては、前節で述べた問題意識から、東日本大震災（地震・津波）の初動・応急対応経緯が示唆する改憲の具体的論点について述べていくものとする。

（1）論点①：緊急政令制度の是非
――災害緊急事態の布告をめぐる経緯から考える――

東日本大震災の際、政府は「災害緊急事態の布告」（災対法第105条）を発出しなかった。

この制度は、内閣総理大臣が「災害緊急事態の布告」を発出した場合、「国会が閉会中」等のときは、①生活必需物資の配給・譲渡・引渡しの制限・禁止、②物の価格等の最高額の決定、及び③金銭債務の支払延期、を政令で定めうるというものである。一言でいえば、「法律に基づく緊急政令制度」といってよいであろう【図3－5】。

この布告を出さなかったことについては、発災後に、憲法への緊急事態条項の導入に積極的な方々から、救助・救難活動、緊急物資支援に支障を生じたのではないかとの批判が

【図3－5】東日本大震災当時の「災害緊急事態の布告」制度

（災害緊急事態の布告）

第105条　非常災害が発生し、かつ、当該災害が国の経済及び公共の福祉に重大な影響を及ぼすべき異常かつ激甚なものである場合において、当該災害に係る災害応急対策を推進し、国の経済の秩序を維持し、その他当該災害に係る重要な課題に対応するため特別の必要があると認めるときは、内閣総理大臣は、閣議にかけて、関係地域の全部又は一部について災害緊急事態の布告を発することができる。

2　前項の布告には、その区域、布告を必要とする事態の概要及び布告の効力を発する日時を明示しなければならない。

（国会の承認及び布告の廃止）

第106条　内閣総理大臣は、前条の規定により災害緊急事態の布告を発したときは、これを発した日から20日以内に国会に付議して、その布告を発したことについて承認を求めなければならない。ただし、国会が閉会中の場合又は衆議院が解散されている場合は、その後最初に召集される国会において、すみやかに、その承認を求めなければならない。

2　内閣総理大臣は、前項の場合において不承認の議決があつたとき、国会が災害緊急事態の布告の廃止を議決したとき、又は当該布告の必要がなくなつたときは、すみやかに、当該布告を廃止しなければならない。

（緊急措置）

第109条　災害緊急事態に際し国の経済の秩序を維持し、及び公共の福祉を確保するため緊急の必要がある場合において、国会が閉会中又は衆議院が解散中であり、かつ、臨時会の召集を決定し、又は参議院の緊急集会を求めてその措置をまついとまがないときは、内閣は、次の各号に掲げる事項について必要な措置をとるため、政令を制定することができる。
　一　その供給が特に不足している生活必需物資の配給又は譲渡若しくは引渡しの制限若しくは禁止
　二　災害応急対策若しくは災害復旧又は国民生活の安定のため必要な物の価格又は役務その他の給付の対価の最高額の決定
　三　金銭債務の支払（賃金、災害補償の給付金その他の労働関係に基づく金銭債務の支払及びその支払のためにする銀行その他の金融機関の預金等の支払を除く。）の延期及び権利の保存期間の延長
　2～8　（略）

寄せられた。ネット空間内では、2011年3月22日の参議院予算委員会での私の答弁をめぐり、私を「反日民主党官僚」と批判する例さえみられた（注：わが国の行政官には、基本的に所属政党はない）。

他方においては、憲法への緊急事態条項の導入に慎重な方々からは、「法律に基づく緊急政令制度」を設ければ、憲法に緊急事態条項は不要との指摘がみられる状況となっていた。

東日本大震災の際になぜこの布告が出されなかったのかを掘り下げてみよう。

発災直後、沿岸部は壊滅的な状況となり、あらゆる生活物資が流出し、そもそも取引する物資が無くなっている状態であった。したがって、取引統制や価格統制、まして金銭債務の延期どころの状況ではなく、被災者が直面していた困難は、

「生活物資がない」という問題だったのである。

加えて、当時は災対法がいうところの「国会が閉会中」ではなかったので、布告を発出しても空振りとなる状況であった。

こうした状況を踏まえ、布告が発出されなかったというのが真相で、布告が発出されなかったことが救助・救難活動、緊急物資支援の輸送に支障を生じたという事実は存在しない。

この事例は、法律に基づく緊急政令制度には、あらかじめ法律で定めた事項しか制定できないという限界があることを示唆するものといえるかもしれない。

憲法上、国会が国の唯一の立法機関なのであるから、法律で定めなければならない事項については、法律からの委任がある場合のみ政令（内閣が制定する命令）で定めることができる、というのが立憲主義・法治主義の原則である。

緊急政令制度というのは、この例外に当たるもので、緊急事態の際に、通常法律の制定を要する措置を政令で定めうることとする制度をいう。

このような制度を、法律に基づく制度として設けた場合は、①政令の制定内容は、法律の委任事項に限定されざるを得ない、②国会の閉会中等の状況下に限定する仕組みとせざるを得ない、等の「限定列挙型（ポジティブリスト型）」の仕組みにならざるをえないのは明らかであろう。災対法第１０９条に基づく緊急政令制度は、その実例であったといってよい。これに対し、憲法に基づく緊急政令制度を設ける場合は、憲法が、一定の場合に、一定の条件の下で、「想定外の事態（相転移）に臨機に対応」するため、通常は法律の制定を要する措置でも緊急的に政令を制定してよい、と直接定めるのであるから、法律に基づく緊急政令制度よりも包括性や弾力性を有する仕組みとすることができる可能性が高いと考えられる。

このような軸上において、国民にとって最適な選択は何なのか、という議論が深まっていくことが心から望まれる。

（2）論点②：緊急財政支出制度の是非　―国直轄の物資支援から考える―

第1章（43〜45ページ）で述べたように、発災日の午後、緊対本部事務局では、宮城県庁からの要請等を受け、事案対処班が自ら支援物資を買い上げ、岩手・宮城・福島の３県が設けた物資集積拠点へ搬送するという、既存の制度的枠組がなく前例もない取組みを開始した。

しかし、当時の災害対策マニュアルでは、物資支援業務が地元県の担当とされていた関係で、国の当初予算にその費用の計上がなかった。予算措置がないのに物資調達等の契約を行えば、会計法や予責法に抵触する可能性がある。だが、被災者を守るためには、オペレーションを続けるしかない。法律を超える決断をして、被災者への支援を続行する以外に道はないという状況だったのである。

この費用については、最終的に全額当初予算で賄い、法律に触れることなく完了した。しかし、この一連の出来事の中にチラリと顔をのぞかせた、「法律を超える決断をする以外に道はない」との決断を迫った「超法規的な必要性」こそが、法律を超える法である「憲法」の力でなければ対処できない事態の存在を示唆するものなのではないか、と私は考えている。

今後の巨大災害の発生直後の初動・応急対応において、事前の備えのない想定外のオペレーションに要する費用が予備費の使用等では賄えず、補正予算措置をまつ必要があるものの、その時間的余裕もない状況が発生する可能性がないといい切れるのか。

このエピソードを起点に、憲法の緊急財政支出制度というものをどう考えるべきなのか、国民にとって最適な選択は何か、という議論が深まることを切に望むものである。

（3）論点③：発災時の説明責任の軽減の是非
―東日本大震災の国会・政党対応から考える―

発災日の夜から、災害状況や政府の対応状況に関する各政党からの説明要求が続々と寄せられてきた。それまでの災害の際には、誠実に説明対応をしていたが、この時ばかりはそう簡単ではなかった。

時々刻々と膨大な情報が押し寄せ、必死に対応をしている中で、説明に出向く者を確保するどころではない状態となっていた。

しばらくして、各政党側もそうした状況を認識して下さり、3月15日に、与野党の幹事長・書記局長会談を踏まえ、政府代表と各党の幹事長等による「各党・政府震災対策合同会議」が設置された。これにより、各政党への対応が一括化され、政府側の負担軽減等が図られた。国会においても、震災関連の審議を見合わせる等の配慮がなされた。

そして、初動対応が一段落した3月22日、参議院予算委員会で、この震災に関する初めての国会審議（災害状況に関する政府側からの報告聴取及び一般質疑）が行われ、副大臣及び政府参考人（総括参事官）が質疑対応を行った。予算委員会において、参事官である私が、ほとんど一人で、一日答弁をするという極めて異例の状況となった。

こうした経緯を踏まえると、私は、将来の巨大災害の際にも、同様に「災害対応」と「説明責任」のジレンマに直面することが十分に予想されると考える。

政府に対する民主的統制の基本的枠組を定める憲法のあり方が議論されるのならば、そうした問題について議論していただく場面があってもよいかもしれないと考えている。

（4）論点④：巨大災害対応に係る国・地方関係
―東日本大震災の地方自治体支援から考える―

東日本大震災の際、被災地域は著しく広域に及び、極めて多数の自治体が被災した。地元市町村や都道府県は壊滅や深刻な機能不全を起こし、近隣自治体同士の応援は容易ではない状況であった。

こうした中で、全国の多数の地方公共団体が高い志で被災地支援活動に立ち上がり、極めて大規模な支援活動が展開された。

しかし、各地方公共団体による個別的な支援活動は、相互の整合性や全体最適化の保証を欠くものとなる可能性があり、災害緊急対応が、全体として極めて非効率なものとなる可能性を否定できなかったのではないかと考える。

巨大災害の発生時における初動・応急対応に関しては、国直轄で自ら積極的な支援を展開することや、国と地方公共団体等を通じた多様な対応主体が円滑に連携し、全体最適性を確保できるようにするための抜本的な工夫を行うことが必要と考える。

災害は、地域的・時間的に偏って発生する現象であるので、その完全な予測は困難であり、対応に必要な人的資源や財源は、大きく、かつ、変動する。したがって、防災行政については、個々の地方公共団体のみで負担・対応することには効率性や人材の錬磨に大きな問題があり、国の支援等が不可欠な行政分野といえる。災害規模が大きくなるほど、こうした事情は強まるといってよいであろう。

しかし、現行法上、都道府県及び市町村の防災行政事務は「自治事務」とされている。巨大災害対策に関する事務については、「法定受託事務」に移行させた上で、国の強力なリーダーシップと国及び地方公共団体の密接な連携を確保していくための仕組みを検討していく必要があるのではないだろうか。

地方自治法においては、地方公共団体が行う事務は、自治事務と法定受託事務に分類されている。法定受託事務とは、国（都道府県）が本来果たすべき役割に係るものであるが、法令により当該地方公共団体に事務処理が義務付けられる事務のことで、助言・勧告、指示等の国（都道府県）の関与が認められている。これに対し、自治事務とは、法定受託事務以外の事務をいう。

現行憲法第92条は「地方公共団体の組織及び運営に関する事項は、地方自治の本旨に基いて、法律でこれを定める。」と規定しているが、巨大災害発生時の初動・応急対応をめぐる国と地方の関係の基本原則について、議論が必要なのではないかと考える。

5．リフレーミングが望まれる改憲論議プロセス

今日のわが国は、巨大災害発生時のための緊急事態制度をめぐり、憲法制定当時の判断が今もなお通用力を持つのか否か、国民的な議論が必要な状況にある、と私は考えている。しかし、現在のように、「国民の安全を重視＝緊急事態条項導入に賛成」と「国民の権利・民主主義を重視＝緊急事態条項導入に反対」という二項対立（二者択一）の議論を続けているだけでは、実りある結論に辿り着くことは決してないであろう。

その2つの価値は、いずれもが誰にとってもかけがえのないものであり、どちらかを取り、どちらかを捨てるというようなことができるものではないからである。

議論の目的を、「2つの価値の二者択一」から「2つの価値の融合・調和」に再構築（リフレーミング）することが不可欠である。

そして、議論の当事者たちが、巨大災害時の緊急事態対処の際に生じる状況についての「共同事実確認（Joint Fact-Finding）」を行うことで、異なるエビデンス（根拠）に基づいてお互いが相容れない主張を繰り返すことを防ぐ努力も望まれる。「共同事実確認」とは、議論の当事者が、科学者・専門家等の協力の下で、協働して事実を確認する議論の方法論

である。環境政策に関する紛争が混迷する事態に対応するため、1980年代から米国で提唱されるようになり、現在では、合意形成学上の概念となったものである。

巨大災害の緊急事態対処の際に現実に起きた状況を確認するためには、戦後最大の巨大災害である東日本大震災の際の事実関係を検証することが有効であろう。それを手掛かりに、巨大災害時に生じる状況を想定し、対処の強化が必要な点を見定め、それを解決する方法を議論していくことが望まれる。

こうした工夫によって、「対決」ではなく、「話し合い」を通じて、国民にとって最適な選択肢は何であるのかを見定めていくことが、心から期待される。

寺田寅彦氏は、関東大震災後に、「文明が進むほど、自然災害に対する脆弱性は高まる」と述べるとともに、「過去の災害を忘却し、備えを怠るため大災害が起きる」、「20世紀の文明をたのんで安政地震の経験を馬鹿にした東京は関東大震災で焼き払われた」と指摘した（『天災と国防』〈1934年〉、『津浪と人間』〈1933年〉等）。

これらの指摘は、私には「東日本大震災を踏まえ、首都直下地震にしっかりと備えよ」と叱咤する声に聞こえるのである。

私は、今の時代を生きる日本人が、東日本大震災の教訓を踏まえ、「国難」になりかねない将来の巨大災害に備えて後世に何を遺したか、が問われる時が必ずやって来ると確信している。憲法の緊急事態条項の問題は、そうした問いかけに直結する問題の一つにほかならない。後藤新平氏の「国難を国難として気づかず、漫然と太平楽を歌っている国民的神経衰弱こそ、もっとも恐るべき国難である」との言葉を噛みしめたいものである。

そして、憲法の問題にとどまらず、「災害に強い国づくり・まちづくり」を、日本再生の軸としていくことが望まれる。

第4章　日本の防災行政体制のあり方

―防災省（庁）論議をどう考えるべきか―

東日本大震災（2011年）の最大の教訓は、今後の防災対策については、首都直下地震、南海トラフ地震等の最大クラスの巨大災害を想定した対策を推進すべきという点にある。そのような対策を推進するためには、最大クラスの巨大災害を想定した政府の行政体制を確立する必要があることは論をまたないであろう。

だが、政府の防災行政体制を際限なく大きなものにしていけばよいという考え方は妥当ではない。巨大災害対策の本質を見極めた上で、過大でもなく過小でもない最適な行政体制がどのようなものかを見極めていく必要がある。

本章においては、そうした認識の上に、日本の防災行政体制のあり方についての考察を試みる。まず、戦後日本の防災行政体制の変遷を概観し、次に、東日本大震災後に活発化した国の防災行政体制のあり方をめぐる議論を概観する。その上で、防災省（庁）論議をどう考えるべきかについて述べることとしたい。

1．戦後日本の防災行政体制の変遷　―災対法から東日本大震災まで―

まず、東日本大震災以前の時期における、戦後日本の防災行政体制の変遷を概観する。

（1）災対法の制定（1961年）と戦後日本の防災行政体制の形成

戦後の防災行政制度の基層は、伊勢湾台風（1959年）を契機に制定された災対法（1961年）によって形成された。このため、主として風水害を念頭におき、地方公共団体（市町村等）が対応の主役となる仕組みとして構築された。そして、その際には、各省がそれぞれ有する機能を十分に発揮させつつ、その総合性を与える基礎を作るとの政策判断の下に、国の防災行政体制が整備された。

防災は、災害発生時における被害を軽減するための取組みであるから、その取組みは自助・共助・公助のあらゆる分野に及び、行政における取組みもまた、国及び地方公共団体におけるあらゆる行政分野に及ぶ。このため、防災行政を担う行政体制は、広義には、国及び地方公共団体のあらゆる分野の行政体制そのものであり、その行政体制を論じるのでは、出口のない問題に突入することになりかねない。

こうした視点から、本章においては、「防災行政体制」という用語は、国・地方、官・民の様々な主体が行う災害による被害の軽減を目指す取組みの総合性を確保する中核機能を担う体制を指すものとし、そのあり方を考察していく。

①災対法制定（1961年）時の経緯

戦後のわが国では、十勝沖地震（1952年3月）の後に、防災行政のあり方についての議論がみられはじめ、伊勢湾台風（1959年9月）を契機に、それらの議論が本格化した。

伊勢湾台風の後、防災行政のあり方の再検討を要望する声が高まり、政府において、内閣審議室が中心となって法案の作成が進められ、1960年5月に「災害対策の整備及び推進に関する法律案」がとりまとめられた。しかし、この法案は、自民党政務調査会で審議された際に、再検討を要するものとされ、次期通常国会まで見送りとされた。自民党議員からは、大災害時の緊急対応に力点が置かれていた内閣審議室案に対し、各省に気兼ねして、治水対策の充実等の予防策、災害への組織体制・責任体制の確立、計画策定等の準備策、災害復旧に関する特別立法の恒久立法化等に関する内容が盛り込まれていないこと等が問題視されていた。

こうした内閣審議室の動きと並行して、自治庁が、1959年12月に、防災庁の設置等を盛り込んだ「災害対策基本法案要綱」を取りまとめていたが、内閣審議室の動きが活発化したため、独自の法案作成を見合わせていた。

しかし、1960年4月末に自治庁は自民党地方行政部会に呼ばれ、内閣審議室案の問題点（防災計画の制度化、主務官庁の明確化等の必要性）を指摘された上で、自治庁による法案作成について要請されることとなった。

　これを受けて、自治庁が1960年6月に作成した「防災基本法案」では、防災事務をつとめて都道府県や市町村におろすとともに、知事の権限を強化すること、防災庁の設置、予防から復旧に至る総合的な防災計画の制度化等が盛り込まれていた。

　この法案について自治庁は各省との調整を進めたが、その最中の1960年7月に自治庁が自治省に昇格した。

　その後、自治省が1961年2月に最終的にとりまとめた「防災基本法案」の段階では、防災庁構想など各省から反発が大きい部分は断念された。そして、その後の政府内での調整の結果、主務官庁を自治省とすること等の変更が行われた。さらに、同年4月下旬からの内閣法制局審議の段階で、法律名称が「災害対策基本法」に改められるとともに、重大災害の際の緊急措置が著しく圧縮され、市町村防災会議が任意制から原則必置制に改められた。

　このようにして作成された災対法案は、1961年5月に第38回通常国会に提出されたが、審議未了のまま廃案となったものの、第二室戸台風（1961年9月）をきっかけに同年9月に再提案され、翌10月に可決成立した。

　この法案の国会審議の過程では、与野党議員から、災害対策関係の事務を所掌する各省庁を一本にまとめた防災行政専門機関を設置するべきであるという指摘が繰り返し行われていた。自民党の議員からは防災省あるいは防災庁、日本社会党の議員からは国土省、防災省あるいは防災庁といった提案がなされており、その理由として、関係行政機関の有機的・一体的活動を可能とする責任体制（特に地方公共団体への窓口）の一本化・明確化等による災害対応力の強化が必要であるとの指摘がなされていた。

これに対する政府側の答弁をみると、防災は各省の全般にわたり、それをまとめて一本の省にして行うことで実際上の効果が上がるかについては多分の疑問を持たざるを得ず、各省がそれぞれ有するものは十分に発揮させつつその総合性を与える基礎を作ろうとの精神で災対法を立法する、との政策判断がなされていた【図4-1】。

この法案は1961年10月に可決成立し、翌11月に公布された後、3回にわたって一部改正された上で、1962年7月に施行された。

その後、施行令の調整段階で、各省の意見により、中央防災会議の事務局長は総務長官が担うこととされ、災害対策に関する関係行政機関の事務の調整は総理府の官房審議室が所掌することとされた。

災対法の制定後においても、国会において、災害対策関係の事務を所掌する各省庁を一本にまとめた防災庁などの行政機関を設けるべきとの指摘は断続的に行われた。こうした

【図4－1】災害対策基本法案の国会審議の際の防災行政体制に関する政府答弁

●次に、防災を一元化するために、防災省であるとか、防災庁を設けてはどうかというお考えでございますが、何分にも防災は非常に多岐にわたっております。一省の仕事にして統一的にやっていくということはなかなか困難であります。（池田勇人首相、衆議院本会議、昭和36年10月6日）

●防災庁あるいは防災省のようなものをもって防災的な機能を全部一つの機構に統一してしまうというような考え方もありますが、それでは各省との関係から力がむしろ現在よりも弱まるというようなこともありまして（中略）各省の機能及び現存の法律をそのまま生かしながら、これを総合的に活用さしていきたいというのはこの考え方の基本。（安井謙自治大臣、参議院地方行政委員会、昭和36年10月26日）

●完全な行政官庁として防災庁であるとか、あるいは防災省といったような組織を作って、実質上のすべての機能、権限をそこに与えていくという考え方も一つあろうかと思ったのでありますが、それをやりますと、各省からのそれぞれの部門を持ってくるというようなことになって、実際上運営にいろいろ摩擦を生ずるし、力を弱める危険もあるというようなことから、現状の組織をそのまま置きまして、そしてそれぞれ今の防災会議というもので、その組織を現状のまま機能を与えてやろうということで、防災といいますか、災害に対する総力をそこに集めたい。実際の活動はそれぞれの機関にまたそれをおろしてやっていきたい。（安井謙自治大臣、参議院地方行政委員会、昭和36年10月30日）

指摘は、地方公共団体との連絡調整窓口の一元化、防災基本計画の推進の企画立案及び指導推進の責任遂行体制の確立（災対法第11条では中央防災会議の事務）、観測・予知・警報発出体制の一元化、国土整備・都市整備の一元化、応急対応の一元化などの必要性を理由とするものであった。

（2）国土庁による防災行政体制（1974～2000年）

1972年に田中角栄内閣が発足し、いわゆる日本列島改造論が活発化する中、翌1973年6月に総理府の外局たる大臣庁として国土利用に係る総合行政を所掌する国土庁が発足した。

国土庁の発足に伴い、中央防災会議の事務局は国土庁に移り、災害対策に関する企画・立案等の事務は国土庁が所掌することとされたが、この時点では、災害対策は長官官房災害対策室（担当審議官を除く定員は14名）が所掌した。

その後、災害対策室は、1977年4月に防災企画課と震災対策課の2課体制に改組され、1982年4月には防災業務課の設置により3課体制に移行した。

こうした動きと並行して、1978年から3年連続で災害対策局の設置要求が提出されていたが、組織財源の提示のない要求は行政改革に逆行するとの理由で認められなかった。

しかし、第二次臨時行政調査会最終答申（1983年3月）及び「行政改革の具体的方策について」の閣議決定（1983年5月）により、防災局の設置と水資源局の長官官房水資源部への組織変更が決定され、1984年7月に防災局が設置された。その際、防災調整課の新設により4課体制に移行するとともに、防災企画官4名を新設し、定員は34名となった。さらに、1994年10月に復興対策課が設置され、5課体制に移行した。

その後、1995年1月17日に阪神・淡路大震災が発生した。この際の政府の初動対応については、初動参集や緊対本部の設置等の対応に遅れが生じたとの批判が各方面からなされ、その反省は、その後の初動参集システムや宿直体制の整備、危機管理官舎や防災携帯電話の配備、官邸危機管理センターや内閣情報集約センター、内閣危機管理監の設置、さらには、中央省庁等改革に伴う内閣府防災の発足等の動きにつながっていった。

阪神・淡路大震災（1995年1月）後、国土庁防災局の定員は増員され、内閣府防災への移行直前の2000年時点では5課50名体制となっていた。

（3）中央省庁等改革と内閣府防災の発足（2001年）

1996年1月に発足した第一次橋本龍太郎内閣は、総理府に「行政改革会議」を設置し、縦割り行政による弊害の解消、内閣機能の強化、事務事業の減量・効率化等を目的に中央省庁等改革のあり方等の検討を進めた。その結果とりまとめられた同会議の「最終報告」（１９９７年12月）をもとに、中央省庁等改革基本法（１９９８年）が制定され、２００１年１月に同法に基づく中央省庁等改革が実施された。

①先行的に実施された内閣の緊急事態対応体制の整備

阪神・淡路大震災への政府の初動対応の遅れへの反省の上に、１９９５年２月に緊急参集チームが設けられるとともに、官邸に危機管理センターが整備された（１９９６年４月完成）。

さらに、１９９６年１月に発足した第一次橋本内閣は、中央省庁等改革に先行して、同年５月に内閣情報集約センターを内閣情報調査室の下に設置し、大規模災害や重大事故等の緊急事案に備え、24時間体制で国内外の情報の収集・集約に当たる体制を導入した。さらに１９９８年４月には、内閣危機管理監を設置し、内閣安全保障室の内閣安全保障・危機管理室への改変・強化を行った。

②中央省庁等改革における防災行政体制

２００１年１月６日、中央省庁等改革の実施により、新たな省庁体制がスタートし、防災行政は国土庁防災局から内閣府防災に移管された。

行政改革会議における議論の初期段階では、第41回衆議院議員総選挙（１９９６年10

月）の際の自民党公約に盛り込まれていた「国民安全省」（治安、消防、防災、入国管理を管轄）構想についての議論が行われたが、中央省庁等改革の眼目であるスリム化に逆行することや、設置した場合に警察法の「緊急事態の特別措置」として定められている警察に対する首相の統制について改正が必要になること等を理由に、この案は見送られた。

国を挙げて行われた膨大な議論を経てとりまとめられた行政改革会議の「最終報告」（１９９７年12月）及びそれを受けた中央省庁等改革基本法（１９９８年）においては、内閣機能の強化の観点から、総理府本府、経済企画庁、沖縄開発庁等を母体に内閣府が設置されることとなった。

中央防災会議は、内閣府に置かれる合議体の一つとして位置づけられ、中央防災会議の事務局は内閣府の防災を担当する部門が事務局となるものとされたが、各省庁の協力を得てその事務を行うとされたこと等から、この時点では国土庁防災局が内閣府に移行するのかどうかが明確ではなかった。しかしその後、中央省庁等改革推進本部がとりまとめた「中央省庁等改革に係る大綱」（１９９８年）において、内閣府の所掌事務に「防災に関する企画立案及び総合調整」が明記され、防災局の機能が内閣府に移行するとの整理が明確化された。

また、中央省庁等改革の一環として、内閣安全保障・危機管理室を廃止し、安全保障・

危機管理を担当する内閣官房副長官補を設置し、その下に危機管理審議官、内閣審議官及び内閣参事官らを置くこととされ、いわゆる内閣安全危機管理室（以下「内閣官房安危室」という）が設けられることとなった。

③内閣府防災の発足（2001年1月）

以上のような経緯を経て、2001年1月に、内閣府防災が発足した。

内閣府防災は、「内閣補助事務」として、防災に関する基本的な政策、大規模災害への対処に係る企画立案及び総合調整を所掌するものとされた。このほか、内閣総理大臣が担う「分担管理事務」として、災対法に基づく緊対本部の設置・運営、防災計画に関する事務、激甚災害に対処するための特別の財政援助等に関する法律、特定非常災害の被害者の権利利益の保全等を図るための特別措置に関する法律等に関する事務を所掌することとされた。

内閣府設置法では、内閣総理大臣が内閣の重要政策に関して行政各部の施策の統一を図るため内閣府に特命担当大臣を置くことができると規定しているが、同法上必置とされたのは沖縄・北方担当、金融担当、消費者・食品安全担当のみで、防災大臣は法律上は必置とされなかった。しかしながら、2001年の特命担当大臣制度の導入以降、歴代政権は一貫して防災行政を担当する特命担当大臣（以下「防災大臣」という）を設置しており、防災大臣の設置は常例となっていた。

その後、２０２１年5月に、災対法の一部改正法によって内閣府設置法が改正され、防災大臣は法律上必置とされた。

防災大臣は、防災に関する行政各部の施策の統一を図るため、内閣総理大臣を助け、命を受けて防災に関する総合調整事務の掌理に当たることとなる。

（４）東日本大震災後における復興庁の設置と内閣府防災の強化

内閣府防災の組織は、東日本大震災の発生時には、指定職２名〈政策統括官〈局長級〉及び大臣官房審議官各1名〉の下に、５参事官を含む58名の常勤職員が配備されていた。

２０１２年2月10日、東日本大震災からの復興に関する行政事務の円滑かつ迅速な遂行を図ることを目的に復興庁が開庁した。その組織体制については、発足当時は約３３０名の職員が置かれ、うち東京の本庁には約２００名の職員が配備された。

内閣府防災の組織・人員については、同震災後に順次拡充・増員が図られ、２０２３年度においては、指定職３名〈政策統括官〈局長級〉1名及び大臣官房審議官2名〈常駐〉〉の下に、10参事官を含め、１００名を超える一般職常勤職員を配備した体制となっている。

2. 東日本大震災後の時期における政府の防災行政体制をめぐる議論

東日本大震災（２０１１年）への政府の初動・応急対応は、当時の災害想定（概ね阪神・淡路大震災相当）を上回る巨大災害に対し、マニュアル等に臨機の修正や応用動作を加えながら最大限の成果の発揮を目指す取組みであった。こうした状況は、わが国においては、阪神・淡路大震災相当の大規模災害に対する防災対策や防災行政体制は概ね準備されていたものの、それを上回る巨大災害を想定した防災対策や防災行政体制は準備されていなかったという事実を示すものであった。

そのため、東日本大震災後には、首都直下地震、南海トラフ地震等の将来の巨大災害に備えるための防災対策の拡充・強化が喫緊の課題として注目を浴びることとなり、災害対策に係る国家行政組織のあり方をめぐる議論があらためて活発に行われるようになった。

東日本大震災後は、当時の政権政党であった民主党が、２００９年の第45回衆議院議員総選挙の際の「民主党政権政策 Manifesto」において「危機管理庁（仮称）の設置」を提唱していたことや、来日したＬ・ボズナー氏による日本版ＦＥＭＡの創設提言もあり、災害対策に係る国家行政組織のあり方をめぐる議論が活発に行われるようになった。

国会では、わが国が未曾有の巨大災害を経験したことを踏まえ、米国の国土安全保障省（ＤＨＳ）や連邦緊急事態管理庁（以下「ＦＥＭＡ」という）を参考に、行政の縦割りを排した強力な各省庁への指揮監督・命令権限を持って災害に対応する行政機関が必要ではないかとの指摘が多く行われた。

また、防災を担う専門人材の確保・育成の観点からも、そうした行政機関の設置が必要であるとの指摘や、原子力災害対応を含めたオールハザードアプローチ（災害の種類や規模を問わず、全ての災害にひとつの組織で対応するという考え方）を確立する必要性からも日本版ＦＥＭＡの設立が必要との指摘がみられた。

①Ｌ・ボズナー氏による日本版ＦＥＭＡの創設提言（２０１１年７月）

Ｌ・ボズナー氏は、ＦＥＭＡに、１９７９年の創設以来勤務してきた人物である。同氏は、２０００年以降、わが国の危機管理体制のあり方に高い関心を持ち、２００４年に内閣府災害担当部局、内閣官房危機管理室及び総務省消防庁を統合し、日本版ＦＥＭＡの中核とすべきとの提言を行った。

同氏は、東日本大震災の発生後も来日し、被災地を視察した。そして、わが国の危機管理体制のあり方に関する各種の寄稿や講演において、日本版ＦＥＭＡを創設することを通じ、わが国の災害対応能力を改善し強化する努力を継続するよう活発な提言を行った。

同氏の提言のポイントは、FEMAの設置・運営の基礎となっている「オールハザードアプローチ」と、災害対応についての〝Incident Command System〟（ICS：指揮命令系統や危機管理手法を標準化したマネジメント・システム）を日本にも導入すべきという点にあった。

その後、この提言に触発された形で、日本版FEMAや日本版DHSを創設すべきとの提言が活発に行われるようになった。

②災対法等の一部改正の際の付帯決議（2013年）

こうした背景の下で、国会においては、2013年5月23日の衆議院災害対策特別委員会における災害対策基本法等の一部を改正する法律案及び大規模災害からの復興に関する法律案の採決に当たり、「大規模災害発生時の政府の対応については、必要な対応が漏れなく、かつ、効率的に行われるよう、平素より、関係府省・部局の適切な業務分担及び密接な連携の確保に努めるとともに、災害派遣医療チーム（DMAT）、緊急災害対策派遣隊（TEC-FORCE）等の既存の組織の法制化、さらには救難・救援その他災害対応に係る活動を一元的に指揮及び調整する権限を持つ組織について、検討を進めること」との付帯決議が行われた。

③国土強靭化基本法第26条（2013年12月公布）

さらに、２０１３年12月に公布された国土強靭化基本法の第26条に、「政府は、大規模自然災害等への対処に係る事務の総括及び情報の集約に関する機能の強化のあり方その他の国土強靭化の推進を担う組織（本部を除く）のあり方について、政府の行政改革の基本方針との整合性に配慮して検討を加え、その結果に基づいて必要な法制上の措置を講ずるものとする」との規定が盛り込まれた。

④東日本大震災復興加速化のための第４次提言（２０１４年８月６日、自民党・公明党）

２０１４年８月６日、自民党・公明党は、東日本大震災の復興加速化のための第４次提言を連名で公表した。

この中では、同時複合災害の発生に的確な初動対応をするため、自衛隊、海上保安庁という国の機関、警察、消防などの自治体の機関を機動的に動員し、又はこれらと連携することができ、平時にあっても救助・復旧に関する研究、機材の開発、訓練等を総合的に対応する「緊急事態管理庁（仮称）」等の設置を至急検討すること等の提言が盛り込まれていた。

⑤「自民党重点政策２０１４」（２０１４年12月）

第47回衆議院議員総選挙（２０１４年12月実施）に向けて、２０１４年11月に公表された「自民党重点政策２０１４」には、「今次の大震災を踏まえ、避けられない将来の備えとして、同時複合災害の発生に対し的確な初動対応に万全を期すため、国の機関（自衛隊・海上保安庁）と自治体の機関（警察・消防等）を機動的に動員・指揮命令でき、平時にあっても救助・復旧に関する研究、機材の開発、訓練等に総合的に対応する「緊急事態管理庁（仮称）」等の設置を至急検討します」との記述が盛り込まれた。

⑥「政府の危機管理組織の在り方に係る関係副大臣会合」最終報告書（2015年3月）

このように、東日本大震災後、国会や政党から、政府の危機管理組織のあり方の検討が繰り返し求められてきた中で、2014年8月より「政府の危機管理組織の在り方に係る関係副大臣会合」が開催され、政府の危機管理組織のあり方に係る検討が開始された。

この検討の結果、2015年3月に公表された同会合の最終報告書には、「いわゆる「日本版FEMA」のような政府における統一的な危機管理対応官庁の創設等中央省庁レベルでの抜本的な組織体制の見直し」については、「現段階においては積極的な必要性は、直ちには見出しがたい」としつつ、「自然災害をはじめとする危機管理対応は不断の見直しと改善が不可欠であり、今後とも、取組みの進捗状況や成果を検証しながら、組織体制の見直しも排除することなく必要な対策の検討と実践を図り、よりよい危機管理対応体制を目指していく必要がある」との考え方が盛り込まれた【図4-2】。

この報告書の公表以降も、日本版FEMAや防災庁の設置に関する政府の見解をただす

【図４－２】「政府の危機管理組織の在り方に係る関係副大臣会合」最終報告書（抜粋）

●我が国の危機管理組織体制については、各国の危機管理組織の状況に関する調査を踏まえても、

・各府省庁が所掌事務に基づき分担して責任を持って対応するとともに、内閣危機管理監の統理の下、内閣官房（事態対処・危機管理担当）及び内閣府（防災担当）が総合調整を行い、特に緊急時においては緊対本部・非対本部を設置して高度な調整権限の下で必要な連携が行われる

・災害・事故等の種類にかかわらず、発災時の初動対応段階では、内閣官房（事態対処・危機管理担当）が一元的に担当しつつ、その後、状況に応じ、緊対本部等又は内閣官房・内閣府の総合調整の下、各府省庁が、それぞれの所掌に基づき、専門性を発揮して対応する

という現在の仕組みは、現状でも一定程度、合理性があり、また、機能していると認められる。このため、現段階において、政府における統一的な危機管理対応官庁の創設等中央22省庁レベルでの抜本的な組織体制の見直しを行うべき積極的な必要性は、直ちには見出しがたい。

●大規模災害発生時の政府の体制強化、関係府省間の連携強化、複合災害対策の強化、平時・発災時を問わない地方自治体との連携強化、人事育成、研修・訓練の充実等の取組を着実に行うことが重要である。

●しかしながら、自然災害をはじめとする危機管理対応は不断の見直しと改善が不可欠であり、今後とも、上記の取組の進捗状況や成果を検証しながら、組織体制の見直しも排除することなく必要な対策の検討と実践を図り、よりよい危機管理対応体制を目指していく必要がある。

質問が断続的にみられたが、防災行政体制のあり方に係る政府の公式見解は、この報告書の立場を基本とするものとなった。

しかしながら、次項以降に述べるように、防災省（庁）の設置を求める提言等は、引き続き各方面からみられる状況が続いた。

⑦関西広域連合「関西圏域の展望研究会」報告書（2015年9月）

関西広域連合は有識者により構成される「関西圏域の展望研究会」報告書において、国土の双眼構造の実現、首都機能のバックアップや平時からの機能分散を図るため、関西と東京の双方に防災庁（仮称）を創設するよう提言した。

⑧自民党「東日本大震災発生時の政府の初動に関する検証チーム」報告書（2016年3月）

自民党は、東日本大震災から5年を経過した時点において、東日本大震災の初動対応の検証と、今後の巨大災害に向けた建設的な教訓をとりまとめるため、2016年3月に「東日本大震災発生時の政府の初動に関する検証チーム」を設置した。

このチームの報告書は、「防災庁設置等による専門人材の確保」との見出しの下で、「災害発生時の迅速な初動対応には、平時から情報の蓄積や訓練による練度向上により、各種災害の様相、各機関の能力・体制の他、関連する様々な事項について、十分に把握していることが求められる」、「また、通常想定されない異常な事態に際しては、従前の備えに関する認識に加え、『経験知』に基づき、既存の体制を臨機に応用できる能力が必要となる」、「その一方で、災害対応を担う現行の行政機関は、各機関の一部局であり、災害対応能力が高いといわれる地方整備局を除くと、一般的に専門性が蓄積されづらい状況にある」、「これらを踏まえ、中長期的課題として、『防災庁』（場合によっては「緊急事態管理庁」）のような災害対策を担う独立組織の新設も視野に入れつつ、災害対策の専門職員の育成等の専門人材の確保を図るべきである」と指摘した。

⑨関西広域連合「我が国の防災・減災体制のあり方に係る検討報告書〜防災省（庁）創設の提案」（２０１７年７月）

２０１６年７月、関西広域連合は、国難となる巨大災害を乗り越えていくのに必要なわが国の防災・減災体制のあり方を検討するため、「我が国の防災・減災体制のあり方に関する懇話会」（座長：河田惠昭関西大学社会安全研究センター長）を設置した。同懇話会は、２０１７年７月に公表された報告書において、「我が国の防災・減災対策を担うにふさわしい強い調整機能を有する官庁の創設」、「専門能力の高い人材と蓄積された知見を有する官庁の創設」の２点を趣旨として、防災省（庁）の創設を提案した。

そして、防災省（庁）組織の提案の基本的な考え方として、①政策立案や総合調整機能の強化・一元化を図る、②バックアップやネットワーク構築のための複数拠点を設置する（東京、関西、東北）、③業務を東日本・西日本に分けて所管し、各々が自治体と連携して災害対応支援調整などを担当する、④東北にもネットワーク構築の拠点を設置し、東日本大震災からの復興政策を継続的に推進する、⑤復興政策等から得られた知見も活かし、事前対策から復興までの一連の災害対策を担う、の5点を挙げている。

さらに、組織の特色として、①防災・減災対策から復旧・復興までを専門的に担う専任大臣や専任幹部を配した省庁レベルの組織、②東京と関西に同じ機能を持つ拠点を設置、③複雑・多様な防災・減災課題を見据えた対応ができるよう、専門業務ごとの部門を配置し、質・量両面で体制を充実、④自治体等との連携を密にするため拠点ごとに地域所管の部門・チームを配置、⑤防災省（庁）採用職員の、専門性向上を考慮した人事ローテーションの実施、といったことを提言している。

⑩全国知事会の提言（2017年7月、2018年7月）

全国知事会は、東日本大震災から7年目を迎えた2017年7月に「岩手宣言」を採択し、「災害への備えから復旧・復興までを担う防災庁（仮称）の創設」を提言した。さらに、2018年7月には、東日本大震災後の関東・東北豪雨（2015年）、熊本地震（2016年）、九州北部豪雨（2017年）、大阪北部地震（2018年）、平成30年7月豪雨（２０１８年）等も踏まえ、「国難レベルの巨大災害に備えるために、国の指揮命令系統を明確化し、対応調整権限や予算措置権も含めて、災害への備えから復旧・復興までを担う「防災省（仮称）」を創設すること」等を求める「国難レベルの巨大災害に負けない国づくりをめざす緊急提言」を採択している。

⑪自民党行政改革推進本部提言（2018年9月）

自民党行政改革推進本部（甘利明本部長）は、２０１８年9月の「２０３０年を見据えた行政改革についての中間報告」において、「復興庁が平成32年度で解消されることに伴い、人材の育成・運用も含め、防災・原子力防災や復旧、復興に関する組織が必要である」、「アメリカのＦＥＭＡ等の事例を参考にしつつ、隙間ができないように検討が必要である」、「有事の際の対応・運用においては、自衛隊、警察、消防等多様な組織の統合的運用を行う必要があり、総理大臣の下で指揮命令系統を明確にする必要があることにも留意が必要である」、「自衛隊に関しては、主たる業務である国防体制の観点から災害対応をどう位置づけるべきか、議論が求められる」等の提言を行った。

⑫石破茂氏の防災省構想（2018〜2020年）

自民党の石破茂衆議院議員は、２０１６年に発生した熊本地震や鳥取県中部地震などを踏まえ、２０１８年頃から、「災害対策の前面に立つのは自治体だが、能力に大きな差がある。防災省を創設して政府の司令塔機能を強化し、差をなくしたい」、「日本全体のあらゆる防災体制を一元的に管理する組織が必要だ」として、災害対応を専門に行う「防災省」の設置を検討すべきとの主張を掲げるようになった。

同氏は、2018年9月20日（立候補者：安倍晋三氏〈当選〉及び石破茂氏）及び2020年9月14日（立候補者：菅義偉氏〈当選〉、岸田文雄氏及び石破茂氏）の自民党総裁選に立候補した。

2020年9月の総裁選に向けた公開討論会においては、このような石破氏の主張に対し、菅氏が、「自然災害が起これば、関係閣僚や、たとえば自衛隊、警察、消防、海保が首相の指揮のもとに防災対策を行う。官邸で指揮をすることが必要ではないか。防災省を作るということは、ある意味でまた一つの縦割りになってしまうのではないか」との見解を述べ、石破氏が「防災は経験の蓄積、伝承、共有だ。災害対応は自治体に任されているが、差があってはならない」と反論する一幕があった。

3．防災省（庁）論議を考えていくための基本認識

以上のように、東日本大震災後には、巨大災害に対応するためのわが国の防災行政体制

を確立すべきであるとの問題意識から、日本版ＦＥＭＡや防災省（庁）の設置を求める論議が活発に提唱された。こうした議論について、どのように考えていくべきなのであろうか。

まず、そうした議論を行っていく際の基本認識について述べる。

(1) 議論されるべき課題は、「通常災害への対応体制」ではなく「巨大災害への対応体制」であること

東日本大震災後にみられた、わが国の防災行政体制をめぐる一連の議論は、首都直下地震、南海トラフ地震等の巨大災害に対応していくためには、現行の行政体制で十分といえるのか、という問題意識から出発したものであった。

東日本大震災後においても、わが国では、【図４‐３】のような自然災害が発生しており、これらの災害への対応が重要であることは当然である。

しかし、ここで問題となっている一連の議論は、巨大災害への対応体制のあり方であり、通常災害への対応体制ではない。仮に、巨大とはいえないまでも相当に大きな規模の災害への対応において政府の防災行政体制が十分に機能しているとしても、それは、巨大災害への対応体制についての判断材料を提供するものではない。

【図４‐３】東日本大震災後に発生した自然災害（死者・行方不明者50人以上）

【2011年11月～2012年3月】平成23年の大雪等（133人）
【2012年11月～2013年3月】平成24年11月からの大雪等（104人）
【2014年8月】広島土砂災害（77人）
【2014年9月】御嶽山噴火（63人）
【2014年11月～2015年3月】平成26年の大雪等（83人）
【2016年4月】熊本地震（273人）
【2017年11月～2018年3月】平成29年からの大雪等（116人）
【2018年6～7月】平成30年7月豪雨（271人）
【2019年10月】令和元年東日本台風（108人）
【2020年7月3日～31日】令和2年7月豪雨（88人）
※（　）内は死者・行方不明者数

そのような巨大とまではいえない災害への対応状況を踏まえた議論に流れてしまうことは避けなければならない。

東日本大震災は、日本列島においては、巨大災害が一定の長期的周期で発生するという宿命を持っているとの科学的事実を厳然と突きつける出来事であった。次の巨大災害はいつの日か必ず発生する。

現代を生きる日本人がこの事実を忘却したとしても、次の巨大災害は必ず発生する。次の巨大災害が起きる前に、東日本大震災を参考に、将来の巨大災害時に生じる状況を可能な限り考察し、それに照らして現行の防災行政体制を評価し、進むべき方向を見定め、実行していく必要がある。

私は、われわれ日本人は、そうした問題

を直視し、進むべき方向に向かっていく力を失ってはいないと信じたい。

(2)「内閣機能」の一環としての「防災の中核機能(総合調整機能)」を担う体制のあり方を課題と考えるべきであること

「防災」とは、「災害を未然に防止し、災害が発生した場合における被害の拡大を防ぎ、及び災害の復旧を図ること」(災対法第2条第2号)である。これに関係しない行政分野は存在せず、その関係領域は全行政分野に及ぶ。災害規模が大きくなればなるほど、そのことは、より明確な形で顕在化する。

「災害対応機能の一元化」という主張がみられるが、災害対応機能は全行政分野に分布しているわけであるから、これを字義通りにとらえると、全行政分野に及ぶ政府の機能を一つの行政機関に集中させることを意味することになりかねない。しかし、そのようなことは実際上不可能であるし、適切とも考えられない。

また、「防災省」を設置すべきとの主張もみられるが、「省」というのは、内閣の下で、特定の行政分野を分担管理するために置かれる行政組織であるから、これについても、全行政分野に及ぶ政府の防災関係機能を一つの省に集中させることを意味しかねないように思われる。防災に関し、全行政分野にわたる一元的管理を行う分担管理事務(たとえば財務省の予算・決算管理事務、外務省の外交事務、防衛省の防衛事務、総務省の地方自治関係事務）として、一省を構える必要がある具体的な事務が存在しているわけではない現状の下では、そのようなことは極めて困難であり、「防災省の設置」という課題の立て方をすれば、議論は進まなくなってしまうといわざるをえない。

災対法の制定過程においては、防災は各省の全般にわたり、それをまとめて一本の省にして行うことで実際上の効果が上がるかは疑問であり、各省の機能を十分に発揮させつつその総合性を与える基礎を作るとの精神で立法するとの政策判断がなされていた。

この考え方自体は、わが国が議院内閣制を基礎とする限り、自然な考え方であり、今日も妥当性を失っていないであろう。換言すれば、各府省庁が所掌事務に基づき分担して責任を持って対応するとともに、内閣官房・内閣府の総合調整の下、各府省庁が、それぞれの所掌に基づき、専門性を発揮して対応する仕組みを基本にせざるを得ないと考えるべきであろう。

こうした視点に立つと、「防災行政」という概念は、「防災」（災害の予防、応急対応、復旧・復興）のために行われる国・地方及び官・民の様々な取組みを十分に発揮させつつ、その総合性を確保するための「中核機能」のことと定義すべきであろう。

したがって、たとえば、国土交通行政、警察行政、消防行政、防衛行政等の諸行政は、

「防災」とは密接不可分な行政分野であり、「防災」に関する多くの行政機能を担っているが、「それは防災行政か」と問われれば、答えは「それらは、国土交通行政や警察行政などの、それぞれの行政分野なのであって、防災行政ではない」ということになるのである。

そして、災害対応に関する国の行政機関や、地方公共団体及び民間の取組みについて総合性を確保するための国の行政機能（総合調整機能）は、日本の統治機構の下では、内閣及び内閣総理大臣の権能に由来するものである。したがって、そのような行政機能を担う体制は、内閣及び内閣総理大臣に対する補佐組織として位置づけられる必要があり、現行制度の下では、そのような中核機能は内閣府防災が担っている。

以上のことから、議論されるべき点は、「災害対応機能の一元化」や「防災省の設置」ではなく、「内閣機能」としての「中核機能（総合調整機能）」のあり方であるといえる。

具体的には、将来の巨大災害に対応していくために、現在内閣府防災が担っている防災行政体制（防災に関する多様な主体による取組みの中核機能体制）を、内閣機能の一環として拡充・強化すべき点があるか否か、拡充・強化が必要とすれば具体的にどのような組織体制が必要なのか、という問題を課題とする必要がある。

（3）被災者支援等に「オールハザードアプローチ」を適用する余地があるか否かについても議論が期待されること

Ｌ・ボスナー氏は、東日本大震災後に来日し、日本版ＦＥＭＡを創設し、ＦＥＭＡの設置・運営の基礎となっているオールハザードアプローチを日本にも導入すべき等の提言を行った。オールハザードアプローチとは、前述のとおり、災害の種類を問わず、準備・対応・復旧・被害軽減といった緊急事態管理の各機能を包括的なシステムの中で一元的に管理・運営するという考え方である。

米国では、このオールハザードアプローチの考え方に基づき、洪水、ハリケーン、地震、原子力災害その他の緊急事態についてＦＥＭＡ長官が大統領の代行として一元管理する権限を与えられている。ただし、生物事故、大災害事故、サイバー事故、食料・農産物事故、大規模避難事故、原子力・放射能事故、テロ対策法執行及び捜査など個別の専門性が高い事案への対応は、それとは別にそれぞれ専門知識を有する省庁が主導的対応を行う（ただし、いずれの場合も市民の避難などはＦＥＭＡの所管である）。また、感染症対応については、予防や感染対策は専門部署であるＣＤＣ（米国疾病予防管理センター：Centers for Disease Control and Prevention）が行うが、市民への対応についてはＦＥＭＡも対応する。

一般的な日本語としての「災害」という用語には、戦争や武力攻撃事態による被害は含まないが、事故災害や伝染病による被害を含めて考える場合が多い。たとえば、『広辞苑』第七版は「自然現象や人為的原因によって、人間の社会生活や人命に受ける被害。」と、また『大辞林』第四版は「地震・台風・洪水・津波・噴火・旱魃《かんばつ》・大火災・感染症の流行などによって引き起こされる不時の災い。また、それによる被害。」と記述している。「オールハザードアプローチ」は、これら様々な災害を包括的・一元的に管理・運営すべきという概念といえる。

現行の災対法は、自然災害、原子力災害及び事故災害までを災害と定義している。このことは、その範囲においては、オールハザードアプローチの考え方で法の規定を整備したものといってよいであろう。ただし、実際上の対処については、自然災害は内閣府防災が、それ以外の事故災害（大規模交通事故災害や原子力事故災害等）については専門的知見を有する各機関が総合調整の実質的中心となる運用がなされている。

これに対し、伝染病による被害は、同法上の災害の定義には含まれていないことから、現行法は、伝染病対策については、防災行政ではなく、医療行政の分野に属するものと判断したと解することが可能である。

自然災害や事故災害、そして伝染病等による被害への対応について、それぞれの専門性を重視すべきことは当然であるが、他方においては、それらに共通の知識・経験や取組みがないと断定することもできないであろう。特に被災者支援に限って考えれば、「国民を災難から保護する」という共通性に着目すれば、武力攻撃事態における国民保護も含めて、連続性・一体的なものとみることができないか、議論の余地があるといえるのではないか。ただし、こうした行政機能の統合・集中の是非については、観念的・概念的な議論ではなく、分散と集中の実際上の利害得失（費用・便益）を見極めた上での判断が必要であることはいうまでもない。

4．巨大災害に対応するための防災行政体制のあり方に関する具体的論点

以上のような基本認識を踏まえ、巨大災害に対応するための防災行政体制のあり方に関する具体的論点を挙げる。

（1）論点①：巨大災害対応の政策機能（シンクタンク機能・政策司令塔機能）の確立

ケタ外れの破壊力を持つ最大級の巨大災害に関しては、その被害を克服・防御しようとしても不可能であり、「減災」の考え方による取組みを積み重ねざるをえない。そのため

の総合的な政策の研究・企画立案及び推進を組織的かつ持続的に遂行する政策機能（シンクタンク機能及び政策司令塔機能）の確立が期待される。

防災に関する政策研究は、これまでは、地学的研究や工学的研究が大きな存在感を占めてきたが、「減災」の取組みは、「被害軽減」と「被災者支援」が中心となるものであり、今後は、政策科学や社会システム工学を主軸とする政策機能を発達させていく必要がある。

その広がりは、国土・都市の整備はもとより、情報・通信、医療・衛生、社会福祉、教育等のあらゆる分野の取組みを総合化していく必要があり、広い意味での「災害に強い国づくり」そのものといえる。

そうした取組みについては、ハード・ソフトの様々な取組みの総合化や、「フェーズフリー」や「ニューノーマル」などの考え方が重要な要素になっていく。フェーズフリー（Phase Free）とは、平常時と非常時の2フェーズを区別せず、どちらのフェーズでも活用可能なものを採用するという考え方であり、ニューノーマル（New Normal：新常態）とは、新型コロナウィルスの流行など社会に起きた大きな変化によって定着した新たな常態のことであることは、第2章（57～77ページ）で述べたとおりである。

現行の内閣府防災は、出向者に依存する組織であるため、その政策機能については、持続的かつ主体的な政策研究・企画立案を遂行することに限界がある。

また、局長級職員が1名しか配備されていない組織において、いつ発生するか分からない災害への初動・応急対応への責任を担いつつ、同時に、高度な政策機能を担うことには本質的な限界がある。こうした現状の下では、その政策機能は、各省庁や各方面の政策提言の「とりまとめ」や、隙間や不整合の「調整」などの受動的・消極的な機能に軸足を置くことにならざるを得ない。

内閣府防災の組織体制を拡充し、巨大災害対応のための能動的・積極的な政策機能（シンクタンク機能・政策司令塔機能）を有する組織に進化させることが急務の課題なのではないか。そして、災害への初動・応急対応に従事する局長級職員のほかに、政策機能に専念する局長級職員が必要なのではないか。

そのような行政組織には、「減災」に関する「被害軽減」と「被災者支援」に関する実証的政策研究を主要研究分野とする政策研究所の併設を検討することも望まれるのではないか。そして、そこで既往の災害の記録の編纂、災害政策研究に関係する文献やデータ類の収集・保管等を実施できれば、政策研究の実証的基礎として大きな意義を持つことになるのではないか。

そうした議論が行われる必要があると考える。

（２）論点②：協働の基盤となる「災害対応の標準化」の導入

巨大災害への対応については、国と地方、官と民の協働が不可欠である。こうした多様な主体の円滑な連携や全体最適性の確保を目指した具体的な基盤として、米国のＥＳＦ（Emergency Support Function：緊急支援機能の定義）を参考に、「災害対応の標準化」を進めることが強く望まれる。

ＥＳＦとは、「全米災害対応計画２００８」（National Response Framework, 2008）において、災害発生時の連邦政府の役割を15の緊急支援機能（緊急輸送、通信確保、社会基盤機能維持、消防、情報作戦、被災者支援、資源管理、公衆衛生・医療、救命救助、有害物質除去、食料、エネルギー、治安維持、長期的復興及び広報）として公式に定義したものである。

この定義は、連邦の各機関や州などの多様な主体が、連携体制、責任主体、指示系統、業務内容、書式様式等を定める際の共通概念（共用語）となる。この共通の定義を用いて、州・都市・カウンティレベルの計画が策定され、連邦は、州・都市・カウンティへの支援を実行する。そうした仕組みを通じて、多様な主体の協働の共通の基盤が与えられる。

わが国においても、このような例を参考に、災害対応業務の統一的な分類・定義を公式に制定することが望ましいのではないか。

それを基礎に、国の各機関及び地方公共団体を通じた連携体制、責任主体、指示系統、業務内容等の整合性・協働体制を確保するとともに、共通の情報取扱書式と共通プロトコル（複数の者が通信その他の対象事項を確実に実行するために必要となる手順や約束事）を定め、情報システム間の連携関係を構築していくことが望まれる。そして、目標による管理を念頭においた実践的な合同訓練、クオリティの高い標準的な人材研修プログラム・カリキュラムの構築等を進めることが期待される。

巨大災害対応の中核組織は、このような協働の軸としての機能を担うべきではないか。そうした問題に関する議論を深める必要があるだろう。

（3）論点③：巨大災害対策についての国の役割の強化

日本の防災制度は、伊勢湾台風を契機に災対法が制定された中で、主として風水害を念頭に置き、地方公共団体（市町村等）が対応の主役となる仕組みが基層を形成している。災害発生時には、被災地におけるきめ細かい対応が不可欠なので、そのような制度構造には十分な存在理由があるが、災害規模が巨大化すると、そのような枠組だけでは限界が生じる。巨大災害の発生時には、被災地域が著しく広域化し、被災自治体数も著しく増加する。そして、市町村のみならず都道府県までもが、壊滅や深刻な機能不全を起こす。また、近隣自治体間の相互応援はほとんど困難な状況となる中で、全国の多数の地方公共団体によって極めて大規模な支援活動が展開されることとなるが、個別的な支援活動は、相互の整合性や全体最適化の保証を欠くものとなる可能性があり、災害緊急対応が全体として極めて非効率なものとなる可能性を否定できない。

巨大災害対策については、国の役割をより強力なものとし、必要な場合は国が直轄で自ら積極的な支援を展開することや、国と地方公共団体等を通じた多様な対応主体の円滑な連携や全体最適性を確保するために必要な取組みを行うことが不可欠である。災害対策の標準化はその一つの例である。

災害は、地域的・時間的に偏って発生する事象であり、その発生地域や時期、規模の予測は困難である。他方、災害対策に必要な人的資源や財源は、大きく、かつ、変動する。自然災害対策については、個別の地方公共団体のみで負担・対応することは困難あるいは非効率であり、国の地方自治体への支援が不可欠である。災害規模が大きいほど、こうした事情は強まる。

現行法制下においては、都道府県及び市町村の防災行政事務は「自治事務」とされているが、巨大災害への対策に関する事項については、「法定受託事務」に移行させた上で、国の強力なリーダーシップと国及び関係地方公共団体の密接な連携を確保していくための仕組みを検討していくことが強く望まれるのではないか。

なお、国民保護法（わが国に対する武力攻撃の際に、国民の生命、身体及び財産を保護し、国、都道府県、市町村等が連携協力し、住民の避難や救援措置等を行う仕組み）に基づく地方公共団体の事務は、全て法定受託事務とされている。

また、現行法制下では、災対法等に基づく地方公共団体の事務に関する国と地方公共団体及び地方公共団体相互間の連絡に関する事項は消防庁の所掌事務とされており（消防組織法第4条第2項第21号）、内閣府防災は、災対法等に基づく地方公共団体の事務に関する国と地方公共団体及び地方公共団体相互間の連絡に関する所掌を有していない。しかしながら、巨大災害対策に関しては、国の防災行政体制の中核組織と地方公共団体の関係組織との直結の道を開き、緊密な連絡調整及び相互連携を確保することも不可欠ではないか。

これらを通じて、巨大災害対策についての国の役割を抜本的に強化するべきなのではないか。そのような問題を提起したい。

（4）論点④：巨大災害発生時の初動・応急対応に必要な局長級以上の職員数の確保

東日本大震災の初動・応急対応をみても、巨大災害の発生時には、24時間連続の初動対応が長く継続することが予想される。このため、発災後には大量の交代要員が必要となるが、こうした要員については、発災後にいきなり災害対応に従事させるのではなく、事前に一定の訓練や経験を積んだ人材が必要である。また、これらの要員のロジスティックス基盤（食事、睡眠、入浴、着替え、健康管理等）を整備することも重要である。さらにいえば、日常生活において非常参集要員としての待機体制をとりつつ、年間を通じて様々な災害への応急対応業務に従事し続ける勤務形態の特殊性にかんがみ、人事管理区分としての「防災職」や「防災職俸給表」のような制度の創設を検討することも望まれる。

その上で、防災行政体制の整備については、そのような巨大災害時に特有の状況を想定し、巨大災害発生時の事案対処に必要な質及び量の組織・人員規模を確保する必要がある。

内閣府防災の組織は、東日本大震災の発生時には、指定職２名（政策統括官〈局長級〉及び大臣官房審議官各１名）の下に、５参事官を含む58名の常勤職員が配備されていたが、震災後に順次増員が図られ、２０２３年度においては、指定職３名（政策統括官〈局長級〉１名及び大臣官房審議官２名〈常駐〉）の下に、10参事官を含めて、１００名を超える一般職常勤職員を配備した体制となっている。この結果、一般職員については、巨大災害発生時の事案対処に必要な人員規模は相当程度確保された状態となった。

しかし、指定職については、現状では、緊対本部要員として１名×２交代、現対本部要員として１名×２交代を確保しうる人員数に過ぎず、同時発生災害や複合災害への対応、臨時応急的な政策対応や行政対応などの発生の可能性を考慮すると、これでも十分とは言い切れないのではないかと考える。真剣に吟味されるべき問題であろう。

（5）論点⑤：地方防災局の設置

巨大災害の発生時には、地方公共団体の壊滅等の極めて深刻な機能不全が発生し、国が自ら積極的な支援を行う必要性が生じる。また、被災自治体が大幅に増加し、広域化し、大規模な自治体の相互支援活動が展開されるため、円滑な連携や全体最適性の確保のための工夫が必要である。

被災地に近い国の管区機関が災害発生時に地方自治体の支援に回ることは、地域的・時間的に偏って発生する災害に効率的・効果的に対応していく上で重要と考えられる。個別の地方自治体が災害対応を実体験する頻度は高くないが、管区機関単位でみると、災害対応を実体験する頻度は高いため、練度の蓄積という観点からみても、このような仕組みには優れた点が多い。たとえば、国土交通省地方整備局による緊急災害派遣隊ＴＥＣ‐ＦＯＲＣＥの派遣実績は、２０２２年３月時点で延べ13・1万人超に達している。

しかしながら、内閣府防災の行政分野においては、その出先となる地方支分部局が存在せず、災害発生時の現地における連絡調整機能は、臨時組織である現対本部を設置して行う仕組みとなっている。東日本大震災の教訓を踏まえると、巨大災害発生時においては、都道府県が被災し、国が極力積極的な役割を担う必要性が生じる可能性が高い。さらに、首都直下地震の場合は、首都圏が深刻な被災を受け、中央の防災行政機能やその担い手が被災する可能性があることにも留意が必要であろう。中核組織の地方支分部局として、全国に数か所の地方防災局を設けることを検討することが望まれるのではないか。

具体的な機能としては、平常時は、防災計画の整備、現地対策マニュアルの整備、広域的な見地からの訓練・人材育成、啓発等に係る連絡調整及び対策実施を担い、発災時においては、現対本部の設置・運営の母体機能、現地における連絡調整機能や被災者支援に係る地方自治体への支援機能を担うことが想定される。

特に、首都圏が被災した場合には、首都圏への強力な支援活動の展開、中央の防災行政機能へのバックアップの母体機能を担うことが期待される。

（6）論点⑥：内閣府防災の「（仮称）内閣防災府」への格上げ

以上に述べてきた諸点を踏まえて、現行の防災行政の中核組織である内閣府防災の機能を承継・発展させる形で、内閣の下に置かれる行政機関（仮称「内閣防災府」）を設けることの是非について、真剣な検討がなされることを期待する。組織名称については、分担管理事務を担う「防災省」や「防災庁」とは異なり、内閣補助事務を担う内閣直属の機関であることを端的に表現するため、「内閣防災府」という仮称を付すこととする。
・国家行政組織編成上の位置づけは、復興庁と同様の、内閣の下に置かれる組織とすることを想定する。
・内閣防災府（仮称）の長は、内閣総理大臣とする。内閣防災府には、内閣総理大臣を助け、事務を統括し、職員の服務について統督する国務大臣として、専任の防災大臣を法定設置する。
・設置の際には、各府省庁の分担管理事務のうち、防災に関する総合調整事務と密接不可分に関係し、一体的に遂行することが望ましい事務を移管する。
・総合的な防災対策（特に巨大災害対策）の効果的推進のため、予算面からそれを確保する手段として、必要な予算（政策調査研究経費、行政推進経費等）の一括計上制度の創設を検討する。
・その他、内閣防災府（仮称）の具体的なあり方については、本章に挙げた論点に関する検討と相まって具体化させる。
　―巨大災害対応のための政策機能（シンクタンク機能・政策司令塔機能）の確立（政策研究所の設置を含む）

—巨大災害対策についての国の役割の強化（巨大災害対策の法定受託事務への移行、災対法等に基づく地方公共団体の事務に関する国と地方公共団体及び地方公共団体相互間の連絡に関する事項の移管）
—「防災職」や「防災職俸給表」等の制度創設検討
—巨大災害発生時の対応に必要な複数局長制の確保
—被災者支援等に関するオールハザードアプローチの導入の検討
—災害対応の標準化
—地方防災局の設置　など

第5章　東京を「懐かしいけど安全な未来のまち」にするために

―首都直下地震に備える住宅市街地づくりの処方箋―

様々な巨大災害対策の中でも、首都直下地震対策は、他の巨大災害への対策とは異なる特有の重要性を持っている。

その被災地と想定される首都東京は、わが国の様々な災害対応力の中枢機能が集中する場所である。そうした中枢機能の担い手となる人々やその家族が深刻に被災した場合、それらの機能の発揮に支障が生じ、想定を超える重大事態に発展していくおそれを否定できない。

こう考えると、東京における災害に強いまちづくりは、一地域の問題にとどまらず、日本を国難災害から守り抜くための要諦であるといわなければならない。そして、東京都下の木造住宅密集地域（以下「木密地域」という）対策は、その中核に位置する問題にほかならない。

私の出身地である品川区には、区内各所に木造密集市街地が点在しており、東京23区は、そうした低層の市街地が環7周辺にドーナツ状に広がる都市構造を持っている。それは、とても住みやすく楽しい空間ではあるが、防災性について課題があるとの指摘が昔からなされているエリアでもある。そのような東京の低層市街地エリアに生まれ育った私は、もともと、「大好きなふるさと東京の都市空間を、懐かしさや住みやすさを残しつつ『安全な未来のまち』に進化させたい」という夢を持っていた。

そして、東日本大震災（２０１１年）後、首都直下地震対策の緊急性を痛感する中で、東京都区部出身者ならではの発想を起点に、木造密集市街地の防災性を飛躍的に向上させる新しい考え方に基づく対策を考案できるのではないかとの思いから、コーポラティブ事業を行っている友人（織山和久氏）と共同して自主研究に取組んだ。

本章では、そうした共同研究に取組んだわれわれ（以下「私たち」という）の研究成果をもとに、東京の木造密集市街地を「懐かしいけど安全な未来のまち」に進化させる「首都東京における災害に強いまちづくり」のコンセプトについて述べる。

1．東日本大震災の教訓　―最大級の巨大災害リスクに備えよ―

東日本大震災の最大の教訓は、「最大級の巨大災害リスクを想定し、それに備えることが不可欠である」ということにある。

ひとたび起きれば極めて甚大な被害をもたらすが、発生頻度は極めて低い巨大災害のような巨大すぎるリスクについては、リスクの存在を直視しない、あるいは、リスクの存在を認識しても有効な対策を打とうとしない心理的バイアスが働きがちである。

しかし、東日本大震災は、日本列島においては、そうした巨大災害が一定の長期的な周期（たとえば数百年に1回等）で発生する宿命を持っているという事実を厳然と突きつける出来事であった。そして、この災害は、巨大災害の発生時に、被害状況の相転移（想定外の事態への展開）が発生する実例を示すものでもあった（地元自治体の壊滅や機能不全、原子力事故災害の発生等）。

このようなケタ外れの破壊力を持つ最大級の巨大災害に対しては、被害ゼロは不可能という前提に立ち、起こりうる被害を最低限にとどめ短期化する「減災」あるいは「事前防災」の積み重ねが重要である。

「首都東京における災害に強いまちづくり」についてもまた、そのような認識を基本とする必要がある。

2．東京都の木密地域対策の現状と課題

本論に入る前に、東京都下の木密地域対策の現状と課題を概観する。

（1）東京における密集市街地の形成

東京都においては、戦後の復興期から高度経済成長期に人口や産業が集中する中、都市

基盤施設が十分に整備されないまま、市街化及び高密化が進行したことにより、ＪＲ山手線外周部を中心に広範囲に木造密集市街地が形成された。このほか、昭和50年代に建築された老朽建築物の密集地や、建築物の老朽化により将来木密地域になるおそれがある地域等は多摩地域にも存在している。

こうした地域は、ハード面では狭隘道路や行き止まり道路、狭小敷地や無接道敷地が多いこと等、防災性の上で問題を抱えており、震災時に極めて甚大な被害が想定される。しかし、木密地域では、居住者の高齢化、敷地の狭小性等による建替えの困難性があること、権利関係が複雑で合意形成に時間を要することなどから、改善が進みにくい点が課題とされてきた。

（2）東京都の取組み

―防災都市づくり推進計画、木密地域不燃化10年プロジェクト等―

①防災都市づくり推進計画と木密地域不燃化10年プロジェクト

東京都は、阪神・淡路大震災（１９９５年）を踏まえ、１９９６年に「防災都市づくり推進計画」を策定し、「燃えない・倒れない地震に強い都市づくり」を進めてきた（この計画は、その後の改定を経て、最新時点では、基本方針が２０２１～２０３０年度、整備プログ

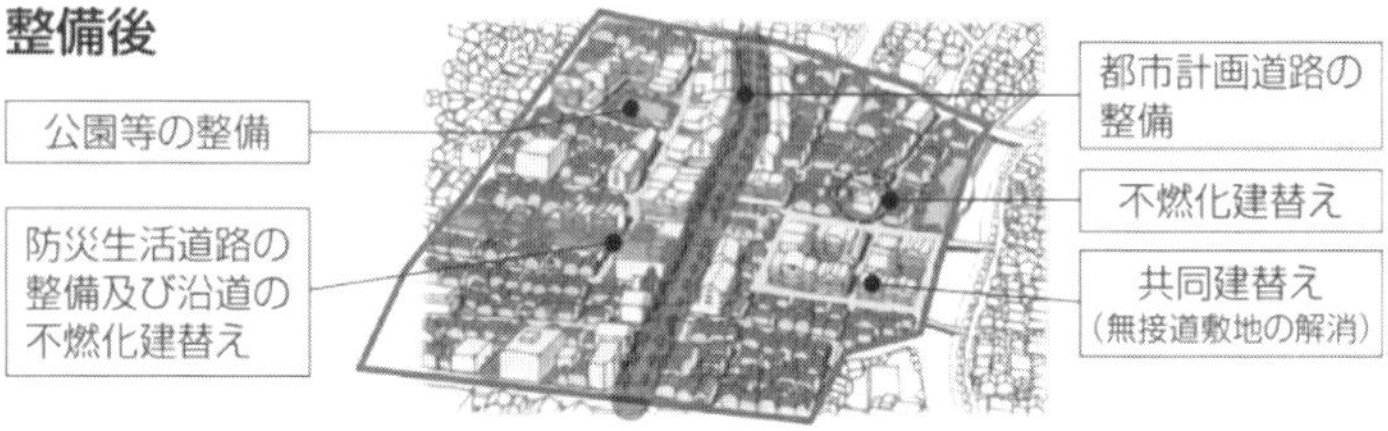

【図５‐１】東京都の防災都市づくりのイメージ（東京都ＨＰより）

ラムが２０２１～２０２５年度の計画となっている）。

そして、東日本大震災の発生を踏まえ、木密地域の改善を一段と加速させるため、「木密地域不燃化10年プロジェクト」（２０１２～２０２１年）を立ち上げ、特に甚大な被害が想定される整備地域（約７０００ha）を対象に10年間の重点的・集中的な取組みをスタートさせた。

このプロジェクトにおいては、①市街地の不燃化促進による延焼による焼失ゼロの「燃えないまち」の実現（整備地域における不燃領域率を２０２０年度までに70％に引上げ）、②延焼遮断帯の形成の促進による「燃え広がらないまち」の実現（整備地域における主要な都市計画道路の整備を２０２０年度までに１００％達成）が目標とされた【図５‐１】。

「不燃領域率」とは、ある地区の「燃えにくさ」を表すと考えられている指標で、地区内における道路、公園等の空地や耐火建物が占める割合によって算出される。この「空地」とは、短辺もしくは直径10ｍ以上で、かつ、面積が１００㎡以上の水面、鉄道敷、公園、運動場、学校、一団の施設等の面積及び幅員６ｍ以上の道路面積である。

この不燃領域率が70％を超えると焼失率がほぼゼロになると考えられている。「焼失率」とは、地区内で出火があった場合に、延焼火災によって焼失する建築物が地区内の全建築に占める割合の期待値であり、ある地区の「燃え広がりやすさ」を表す指標である。

「木密地域不燃化10年プロジェクト」では、先述の目標を達成するため、整備地域のうち、地域危険度が高いこと等、特に重点的・集中的に改善を図るべき地区を、区からの整備プログラムの提案に基づき、都が「不燃化特区」に指定し、整備プログラムの実施に必要な特別の支援を期間限定で実施することとされた。

また、整備地域の主要な都市計画道路の整備に際し、関係権利者に生活再建等のための特別の支援を期間限定で行う「特定整備路線」として、２０１２年に23区間・延長約23㎞が指定された。

②住宅市街地の不燃化のための面整備「防災街区整備事業」

こうした「防災都市づくり推進計画」や「木密地域不燃化10年プロジェクト」に基づく取組みのうち、住宅市街地の不燃化のための面整備を進める事業として「防災街区整備事業」が着実に推進されてきている。

【図５－２】東京都下における「防災街区整備事業」の実施地区一覧（東京都HPより）

	区市	地区名	施行者	施行地区面積（ha）	都市計画決定年月日	事業計画認可年月日	進捗状況
1	板橋区	板橋三丁目	組合	0.4	平成18年11月2日	平成19年3月26日	平成22年完了
2	足立区	関原一丁目中央	個人	0.4	平成19年9月26日	平成22年4月13日	平成25年完了
3	墨田区	京島三丁目	機構	0.2	平成21年11月6日	平成22年8月3日	平成25年完了
4	品川区	荏原町駅前	組合	0.1	平成24年10月31日	平成25年4月10日	平成28年完了
5	目黒区	目黒本町五丁目24番	組合	0.06	平成25年12月27日	平成27年1月19日	平成28年完了
6	品川区	中延二丁目旧同潤会	組合	0.7	平成27年4月17日	平成28年2月12日	平成31年完了
7	新宿区	西新宿五丁目北	組合	2.4	平成27年8月25日	平成28年12月6日	事業中
8	北区	志茂三丁目9番	組合	0.06	平成30年11月1日	平成31年3月27日	令和3年完了
9	北区	上十条一丁目4番	組合	0.2	令和元年8月22日	令和2年3月18日	事業中
10	目黒区	原町一丁目7番．8番	組合	0.4	令和元年10月25日	令和2年6月23日	事業中
11	豊島区	池袋本町三丁目20.21番南	組合	0.2	令和2年1月28日	令和2年7月2日	事業中
12	品川区	東中延一丁目11番	組合	0.2	令和3年3月10日	—	—
13	墨田区	東向島二丁目22番	組合	0.2	令和3年4月1日	—	—

【図5－3】首都圏不燃建築公社が参画した防災街区整備事業の例
（中延二丁目旧同潤会地区）

この事業は、密集市街地における防災街区の整備の促進に関する法律に基づく事業で、市街地再開発事業と同様に、土地・建物から建築物への権利変換による共同化を基本としつつ、土地から土地への権利変換も可能とする柔軟な手法も認めながら、老朽化した建築物を除却し、防災機能を備えた建築物及び公共施設の整備を行う事業である。「木密対策版の小型の市街地再開発事業」といえば分かりやすいであろうか。

東京都下では、この事業については、これまでに完了した7地区を含め、13地区において取組みが進められてきている【図5－2】。

ちなみに、現在私が専務理事を務めている一般財団法人首都圏不燃建築公社は、首都圏第一号となった板橋三丁目地区をはじめ、完了地区7か所のうち4か所において、この事業のコー

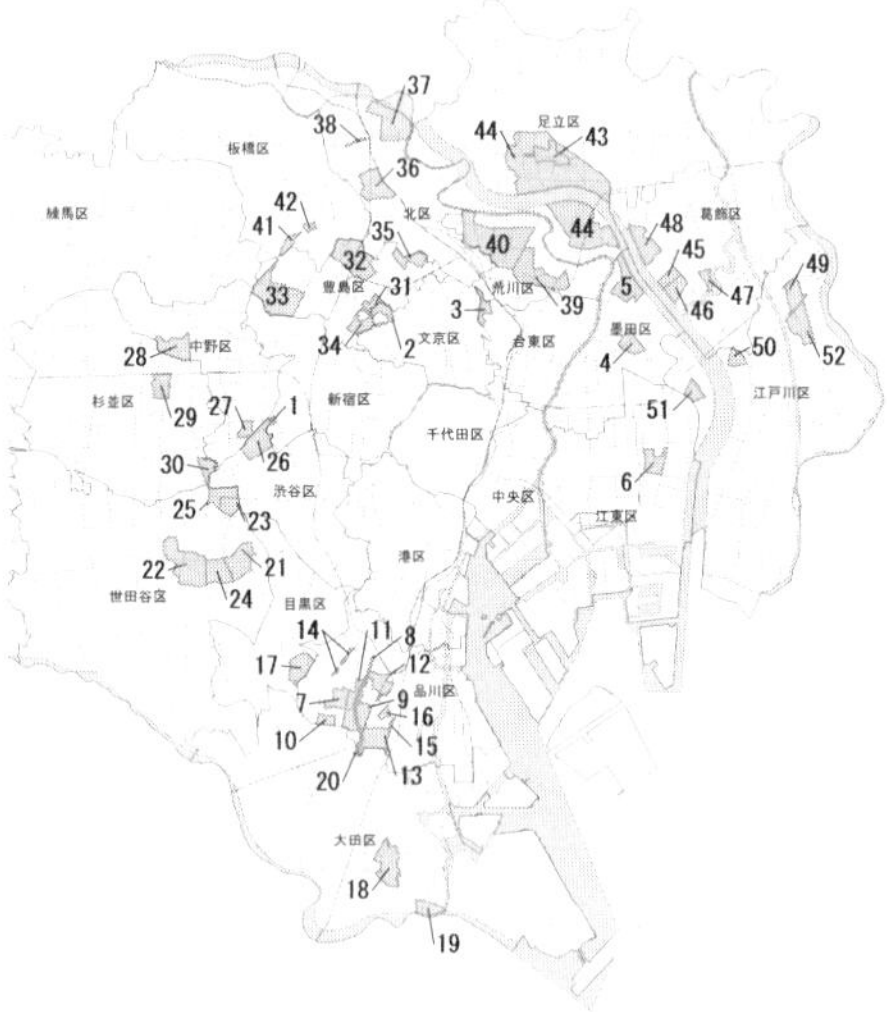

【図５‐４】東京都の不燃化特区（2021年）
（東京都ＨＰより）

ディネーター及び参加組合員として組合運営や権利調整に貢献してきているほか、４か所の事業に参画中である【図５・３】。

③「木密不燃化10年プロジェクト」の成果と今後の展望

「木密地域不燃化10年プロジェクト」による取組みの結果、整備地域における不燃領域率や延焼遮断帯の形成率は着実に向上した（不燃領域率：２０１１年度58・４％→２０２０年度64・０％、延焼遮断帯の形成率：２００５年58％→２０１７年65％）。

このプロジェクトは、２０２１年度末に期間満了により終了したが、それに基づく具体的な施策のうち、不燃化特区制度の活用と特定整備路線の整備については、取組みを5年間延長し、引き続き、整備地域の防災性の向上を強力に進めていくこととされた。このような考え方から、2021年4月1日時点で、19区、52地区、約3350haが不燃化特区に指定されている【図5-4】。

東京都が、2019年9月に策定・公表した「都市づくりのグランドデザイン」においても、現在ある木密地域が解消された魅力的な住宅市街地が、2040年代の目指すべき東京の姿として掲げられており、木密地域の改善は引き続き重要な課題と位置づけられている。

(3) 東京都下における木密対策の課題

以上のように、東京の木密地域については、重点地域を対象とし、不燃領域率を指標とする施策が推進されてきた。

しかし、対象地域に関しては、私たちの分析の結果、近年においては、従来の指定区域の外側に木造住宅が密集する地区が拡大してきていることを指摘せざるを得ない。これはミニ開発、すなわち敷地を細分化して狭小木造戸建てを分譲する事例が増加しているためと考えられる（都区部の宅地面積は、減少し続けており、2012年では182㎡であったが、

2021年には166㎡となっている）。この結果、最近は、天沼や西新井、大泉、祖師谷といった地区に数千棟規模の木密地域が形成されるに至っている。

そして、木密地域対策の基本指標とされてきた不燃領域率については、次のようなことを指摘することができる。

この指標は、一定のエリアについて、地区内における道路、公園等の空地や耐火建物が占める割合を算出することにより、そのエリアの「平均的な延焼力」を評価するものである。

しかし、延焼危険性の視点からみた木密地域の街区の構造は、街区全体は饅頭の「ガワ」（街区外周の広い道路沿いの容積率の高い箇所）と「アンコ」（街区内部の低層木造住宅）にたとえることができ、そして、街区内部の「アンコ」の部分の建物配置の偏在状況や建て詰まり等によって延焼の拡大危険性が大きく異なるという特性を有している。

そのような視点からみれば、不燃領域率は、その地区の平均的な延焼危険性を大まかに把握する指標であり、その地区の延焼危険性の詳細な構造を正確に反映した指標ではなく、その意味では代理指標にとどまることに留意が必要であろう。

不燃領域率は、これまでの木密地域対策の基礎となってきたものであり、大きな意義を持つ指標であった。しかし、現在もなお残された木密地域に対する対策を推進していくためには、不燃領域率だけでは把握しきれない延焼危険性に目を向ける必要がある。

こうした見方の上に、東日本大震災による「あらゆる可能性を考慮した最大クラスの巨大災害を想定し、それに備える減災対策をすること」という教訓を重ね合わせると、木密地区の延焼危険性の詳細な構造を念頭に置いた上で、東京における最大級の市街地大火を可能な限り具体的に想定し、それを直視した減災対策によって、これまでの取組みを補強していくことが強く望まれるといわねばならない。

3．最大級の東京市街地大火を想定せよ

では、最大級の東京市街地大火とは、一体どのようなものなのであろうか。

（1）延焼拡大過程の基本的構造

近年における諸研究の結果、火災の延焼過程については、建物をノード（点）とし、その延焼限界距離内にある他の建物をリンク（線分）で結んで作成される「延焼ネットワーク図」によって可視化し、建物単位の詳細な延焼シミュレーション分析を行うことが可能となっている。

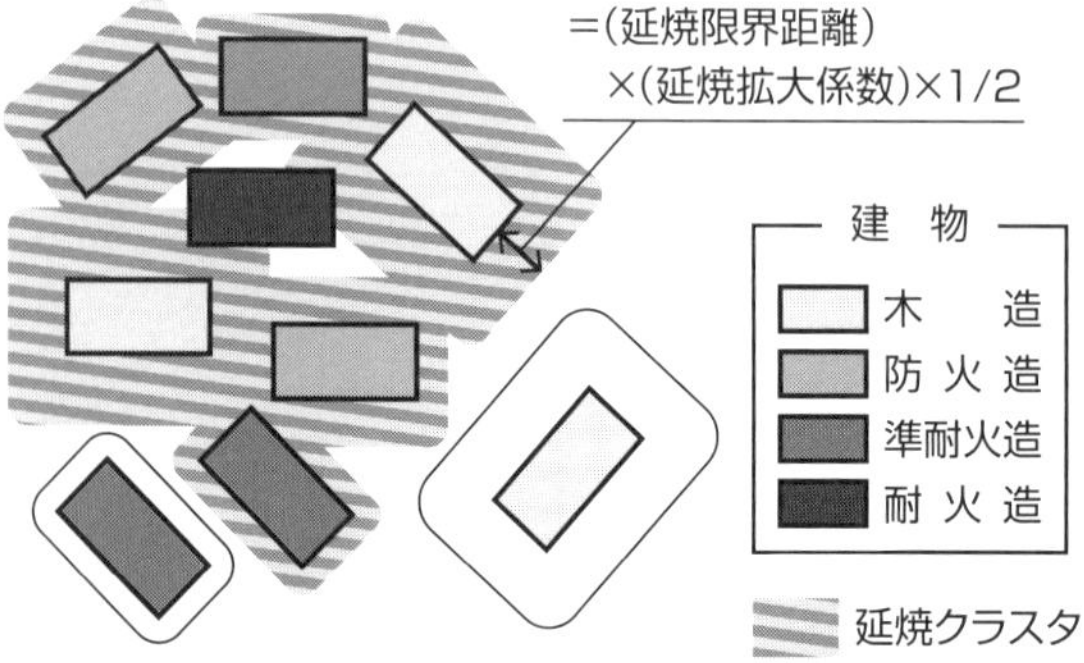

●延焼限界距離

木造：$12\times(a/10)^{0.422}$m　防火造：$6\times(a/10)^{0.322}$m

準耐火造：$3\times(a/10)^{0.181}$m 耐火造：0m

(a=建物の一辺長さ)

●延焼拡大係数

1.5

(=集団火災による火災拡大の効果を考慮し、延焼限界距離にかける一律の倍数)

【図5-5】建物の延焼限界距離（東京消防庁資料）

建物の周辺には、建物種別ごとに延焼限界距離（この範囲までは延焼するという距離）を想定できるとの知見が得られている。そして、この延焼限界範囲が相互に重なる2つの建物は延焼の危険性があるということができる【図5-5】。

そして、延焼の危険性のある2つの建物の中心点（ノード）同士を線分（リンク）で結んでいくことで、「延焼ネットワーク図」が作成できる。

東京の木造密集市街地の延焼ネットワーク図を作成すると、少数の「密」な建物群体がある一方で、それ以外の部分は「疎」となっている

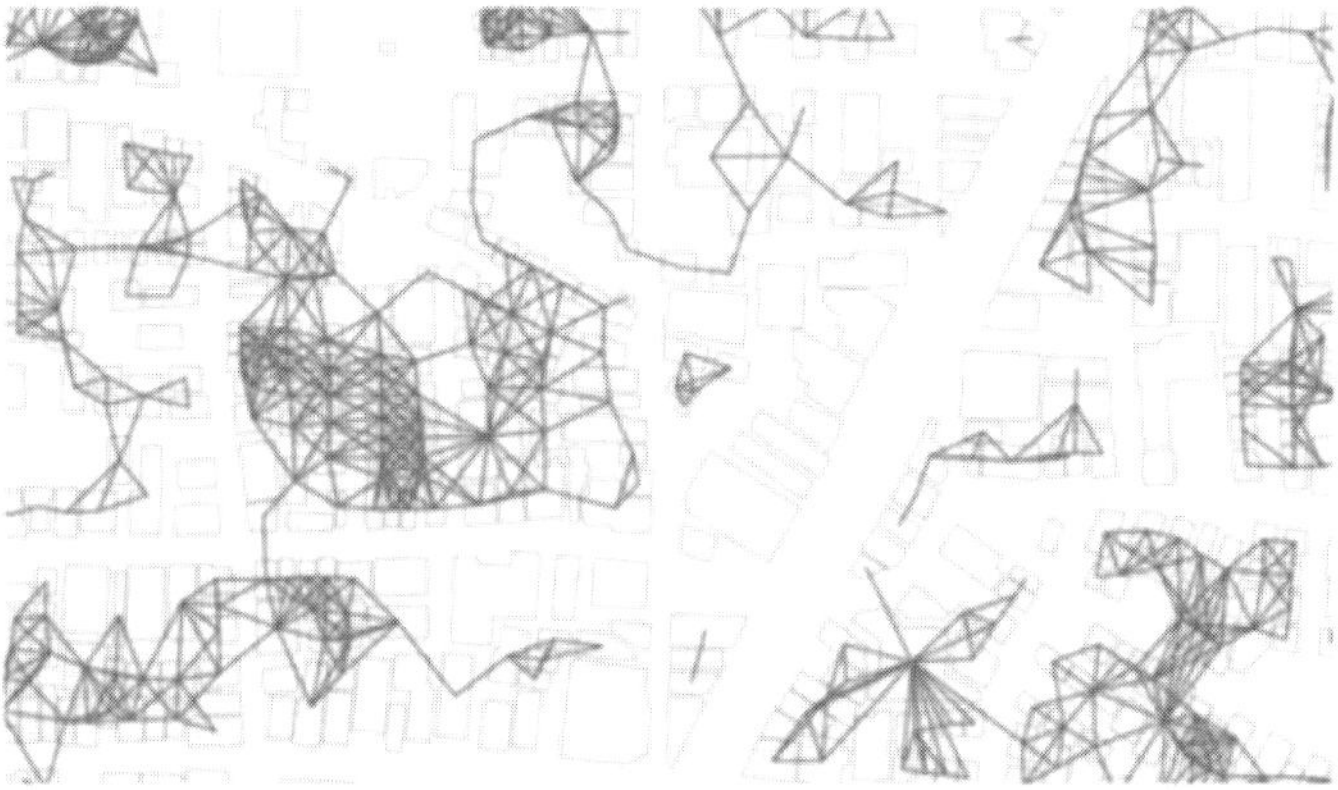

【図５‐６】荒川区町屋４丁目における延焼ネットワーク

構造がみてとれる【図５‐６】。

私たちの研究の結果、東京の木造密集市街地の延焼ネットワークは、次数（あるノードから出るリンクの数）の分布が「冪《べき》乗則」に従う「スケールフリー性」を持つことが確認されている。

「ネットワークの次数分布が冪乗則であること」というのは、「次数kを持つ頂点の割合が$k^{-\gamma}$に比例すること」と定義されるが、これは、大多数のノードは小さい次数を持つが、一部のノードのみが大きい次数を持つ構造であることを意味している。このように次数分布が冪乗則に従うネットワークをスケールフリー・ネットワークという。スケールフリー性は、インターネット、共著・共演関係、性交渉関係等の特徴としても知られている特性である。

（2）最大級の東京市街地大火のイメージ

以上のような延焼拡大過程の基本構造を踏まえると、東京における「最大級の延焼火災」のイメージはどのようなものとなるだろうか。

先行事例といえる関東大震災（1923年）の際の市街地大火をふりかえるとともに、都心南部直下地震の最新の被害想定を概観した上で、この点について可能な限り具体的な想定を試みる。

①関東大震災の際の市街地大火

昼食時（午前11時58分）に発生した関東大震災の際には、竈《かまど》や七輪から同時多発的に火災が発生し、水道が断水したこともあり、おりからの強風により火はたちまち燃え広がり、消防能力を超えた。さらに避難者の家財などが延焼促進要因になった。

東京市では、地震発生直後から火災が発生し、一部は大規模火災となり延々46時間にわたり延焼が続いた。地震前（1922年）に35・7万棟あった建物のうち21・9万棟が焼失し、東京市での焼失面積は市域総面積79・4㎢のうち34・7㎢（43・6％）に達した【図5-7】。

東京市内の出火98のうち71が延焼火災に発展した。このほかに飛火《とびひ》による火元45のうち

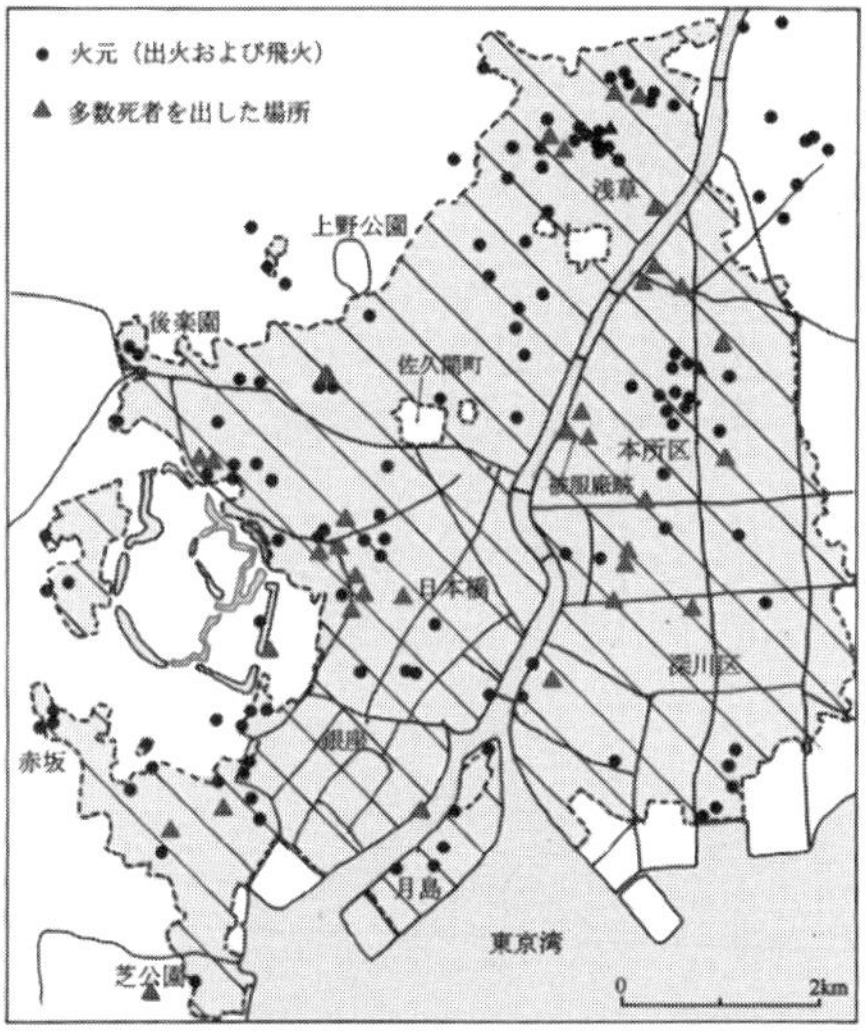

【図５‐７】関東大震災による東京市の火災域と出火地点（防災科学技術研究所ＨＰより）

41は延焼に至り、延焼火元は合計１１２か所となった。

東京では大小１１０個の火災旋風（広範囲の火災において局地的に生じた上昇気流のために炎を伴う旋風が発生し、さらに大きな被害をもたらす現象）が発生した。中でも、旧陸軍被服廠跡地の悲劇が特に有名である。発災日の午後、東京市本所区横網町の旧陸軍被服廠跡地（約６・６万㎡の敷地に約４万人の避難者が荷車に家財道具を積んで避難していた）付近に火災旋風が襲来し、約３・８万人の命が奪われた。この竜巻の強度はＦ３級（風速70・４～92・５ｍ／秒）であったとされている。

②都心南部直下地震の被害想定

東京都は、東日本大震災を踏まえ策定した「首都直下地震等による東京の被害想定（2012年）」等を見直し、2022年5月に「首都直下地震等による東京の被害想定」報告書をとりまとめ、東京都防災会議の承認を得た上で公表した。

過去10年間の取組みの結果、木密地域の面積は約16千haから約8・6千haに減少し、整備地域の不燃領域率も58・4％から64・0％に向上した。これに伴い、被害想定についても、都心南部直下地震（冬・夕方、風速8m／秒）の場合における建物被害は19・4万棟（揺れ等8・2万棟、火災11・2万棟）、死者数は6148人（揺れ等3666人、火災2482人）と想定されている。

ただし、報告書が自ら述べているように、「これらの想定結果は、一定の条件を設定したシミュレーションの結果であり、条件の設定内容を変更することで結果が大きく異なるものであることに留意が必要」である。

③東京の「最大級の市街地大火」のイメージ

では、首都直下地震によって「最大級の市街地大火」が発生した場合には、一体どのような事態となるのであろうか。

都内各所では同時多発的に火災が発生し、消防力を超える事態となる可能性がある。ある木密地域の延焼シミュレーション例によると、集団火災では発火から1時間で５００～６００棟に火災が広がる。このような火災が同時多発する場合、東京消防庁のポンプ車は６７３台（東京都消防白書）なので、震災対応の初動期に消防力をはるかに超える事態となる可能性がある。

さらに、このような地震の発生時には、建物が各所で倒壊し、細街路が各所で閉塞する可能性がある。そうした状況下では、「あそこで燃えている」と見えていても、そこに消防車が入っていけない状況、すなわち「放任火災」（燃えるに任せる状態）が随所で発生する可能性がある。

倒壊した建物の廃材は、格好の燃焼物である。道路は従来、不燃領域と考えられてきたが、そこに堆積した建物廃材に飛火《とびひ》した場合は、それらが延焼拡大経路になる可能性も想定される。

そして、道路上には、ガソリンやタイヤ、内装材等を搭載した「可燃物の塊」ともいうべき自動車が大量に存在する。電線類の配線被覆も可燃物の一種であるし、沿道の建築物の内部には家財道具や物品等の可燃物が大量に存在する。

これらの要因が複合し、延焼が加速度的に拡大した場合は、極めて大規模な市街地大火に至る可能性がないとは言い切れないであろう。

さらに、そうした状況は、最終的に火災旋風が発生して多くの犠牲をもたらす事態に発展する危険性がないといえるのかどうか。スーパーコンピューターによる解析など、科学的知見の進展が期待される。仮にそうした事態が発生した場合は、異次元の被害規模となりうるからである。

4.「懐かしいけど安全な未来のまち・東京」のまちづくりコンセプト

では、最大級の市街地大火を想定すると、木密地域が点在する東京の低層市街地においては、「災害強いまちづくり」をどのように進めていくべきなのであろうか。

(1) 延焼ネットワークのハブの共同建替え

①「延焼ネットワークのハブ」の選択的不燃化

先述のとおり、東京の木造密集市街地の延焼ネットワーク図を作成すると、少数の「密」な建物群体がある一方で、それ以外の部分は「疎」となっている構造(スケールフリー性)を持っている。

これは、分かりやすくいうと、延焼ネットワークは、多方向への燃え広がりの起点となる性質が少数の密集した建物群体に集中しているという構造である。

このような多方向への燃え広がりの起点となる少数の密集した建物群のことを、私たちは「延焼ネットワークのハブ」あるいは「延焼結節建物群」と呼ぶことにしている。こうした建物群が延焼経路のハブ（結節点）となって、延焼火災が拡大していく性質を有しているからである。

このような構造を踏まえると、「延焼ネットワークのハブ」を選び出し、そうした建物群を不燃化（不燃化建替え又は除却）していけば、多数の建物（ノード）を不燃化しなくても延焼ネットワークを分解できることになる。これを「選択的不燃化」と呼ぶこととする。

２０１５年に私たちは荒川区町屋４丁目の木造密集市街地（非耐火建物１３１０棟が所在）について分析を行った。その結果、放任火災状態を想定した場合でも、次数の高い建物から最大次数が３になるまで４４６棟（地区内非耐火建物の34％）の建物の選択的不燃化を行うことで、延焼ネットワークをバラバラにできる【図５‐８】。

こうした選択的不燃化によって、地区内の建物のうち棟数割合で10～30％を占めている延焼ネットワークのハブの建物群を不燃化すれば、火災危険度５の町丁であっても延

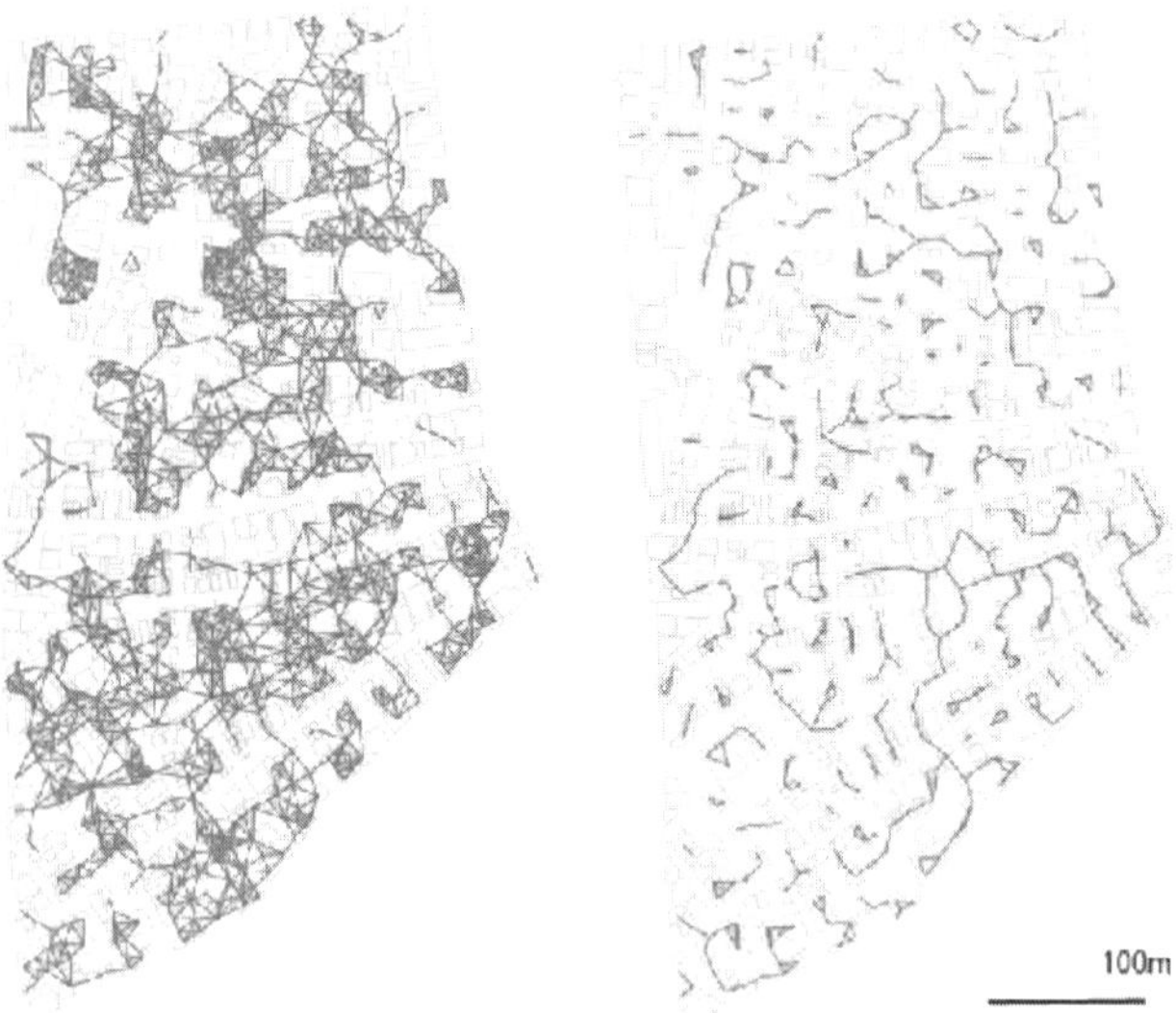

【図5－8】「延焼ネットワークのハブ」の選択的不燃化（荒川区町屋4丁目の例）［左］不燃化前　［右］不燃化後（放任火災前提）

焼ネットワークを分断することができるのである（火災危険度とは、地震時に発生する出火による建物の延焼被害の危険性を評価する指標で、東京都では、出火の危険性と延焼の危険性をもとに、周辺地域からの延焼の危険性も足し合わせて測定し、5年ごとに公表している。5段階で評価され、最も危険性が高い火災危険度5の町丁は、2022年公表データによると、東京都下5192町丁の1・6％に当たる85町丁となっている）。

他方、任意の不燃化のように、ランダムにノードを選んで不燃化（乱択的不燃化）した場合は、棟数割合にして最大70％もの建物を不燃化しなければ延焼ネットワークを分断することはできない。

このように、東京の木造密集市街地においては、アンコ部分の全ての建物を不燃化しなくても、「延焼ネットワークのハブ」の選択的不燃化（不燃化建替え又は除却）を行うことによって、延焼ネットワークを効率的にバラバラに解体し、延焼危険性を大幅に低減させる方法が存在するのである。

延焼ネットワークのハブの敷地面積は小さく、その不燃化が実現しても、不燃領域率が大きく向上することはない。しかし、そうした建物群こそが、市街地の延焼危険性の中核的なリスク要因となっている。

このような、延焼ネットワークのハブの選択的不燃化は、マッサージにおける「ツボ押し」のような「ツボを押さえた対策」となる可能性がある。
②「延焼ネットワークのハブ」の「共同建替え」
延焼ネットワークのハブに相当する建物群は、現地風景でとらえるならば、どのような状況にある建物群なのであろうか。

こうした建物は、不整形で狭小な敷地上の建物が密集し、群体をなしている場合が多い。

そして、進入路や前面道路が狭隘で、単独では建築基準法の接道条件を満たさない敷地上の建物も少なくない。このため、法規面、施工面及び土地利用効率面から、敷地を統合しないと建替えが困難な建物が多い。

では、そのような共同建替えを実現するためには、何区画くらいの敷地を統合する必要があるのだろうか。この点について、私たちは、2015年に行った研究の中で、東京23区における延焼ネットワークのハブに相当する建物は、最大5区画の敷地統合を行えば、ほぼ全ての区画（98・5％）が接道条件を満たすことを確認している。さらに、同じ研究の中で、東京都区部の火災危険度ランク5の84町丁（全7万9595棟）については、通常消火を想定した場合は1万5391棟（19・3％）、放任火災を想定した場合は2万5362棟（31・9％）の延焼危険建物を不燃化すれば、延焼拡大を効果的に抑止できることも確認した（使用データは東京都都市整備局「第7回地震に関する地域危険度測定調査報告書」2013年）。

以上をまとめると、東京23区内の火災危険度ランク5の町丁の中に存在する延焼ネットワークのハブに相当する建物群（概ね1・5万～2・5万棟〈全棟数の20％～30％〉）について、最大5区画程度の敷地統合による小規模な共同建替え（以下「ハブの共同建替え」という）を推進していくことができれば、延焼拡大を効果的に抑止でき、それが「最大級の市街地大火」に対する最も本質的な減災対策になる可能性が高いと考えられるのである。

③ハブの共同建替えのネック要因の克服

しかし、ハブの共同建替えは、これまで、円滑に進んできたとは言い難い状況にある。そのネック要因はどこにあり、どのようにしたらそれを克服できるのであろうか。

まず浮かぶ疑問は、ハブに相当する建物群の地権者はそもそも、共同建替えの意欲を持っているのだろうかという点である。

この点に関しては、既往研究において、木密地域においては、半数の住民が共同建替えを推進すべきとする地区や、３割近くの住民が建替えや転居を望んでいる地区の実例が報告されており、「建替える意志はあるが建替え計画が実現しない」という地区が相当数存在していることが判明している。

したがって、そうした箇所における共同建替えのネックは何なのかという問題が課題となるが、次のような点がそのポイントと考えられる。

第一に、様々な研究におけるアンケート調査の結果、東京の低層地域の住民は、低層で路地空間の豊かなヒューマンスケールの住環境やコミュニティを好み、中高層の街並みを評価する人は少ないことが判明している。そのようなニーズに合った建築にすることで、建替え計画への理解や支持が得られやすくなる可能性が高い。

建築空間の心理的側面に関する既往の研究では、他人同士でも接近して話をはじめる距離が1・5〜3mであること、すれ違い時に気にならない幅員が2・35〜3・6mであること、建物の圧迫感についても一定の計算式によって数値的に評価することができること等々の知見が得られている。

私たちは、これらの知見をもとに、ハブの共同建替えに求められる建築設計の特性のみえる化（形式知化）を試みた。その結果、①幅員2〜3mの天空路地を敷地内に確保する、②高さは3層分（軒高10m）に抑える、③建物の粒度を、縦横高さの3辺合計が25m以下とする、④隣棟間隔を75cm以上（建物を接続する場合は接続面の面積割合が被接続面積側の壁面積の1／3以下）とする、⑤路地に面する建物外壁の色合いを明度8以上とする、⑥1階部分のみ路地側から奥行1m・間口2m以上の一部壁面後退（引き）をとる、といった6項目のデザインコードを適用することで、そのようなニーズを満たすことができるとの結果を得ている。このデザインコードを適用すると、【図5－9】に示すような分棟型の建替え計画が提案されることとなる。

第二に、こうしたハブの共同建替えが事業性を有するのかという点については、私たちの分析の結果、分譲方式ではなく委託組合方式とすること等により、東京都区部では十分に事業性を期待できると考えられる。

ここでいう委託組合方式とは、媒介業者による支援（媒介・代行）の下に、入居予定者

【図５‐９】木密地区内の委託組合方式による共同建替えの例（東京都渋谷区）（提供：㈱アーキネット）@ Tomoyuki Kusunose + Daici Ano

が建設組合の設立から、計画策定・設計・施工を経て、小規模マンションを完成させ、区分所有権を引き渡すまでの事業一式の主体となる事業方式（コーポラティブ方式）のことである。

この方式を採用することで、間接費（販売管理費、広告宣伝費、在庫リスク対策費等）の負担を抑えることができる。また、東京都区部では区画統合による土地の資産価値の改善効果が比較的大きい。こうした要因により、開発利益が従前地権者に還元され、事業性が確保される。

この方式によるハブの共同建替えは、注文建築（テーラーメイド）ならではの高い顧客満足度を実現できる設計プランを追求しうるという利点も期待できる。

また、建設組合の運営を通じて地権者間のコミュニティが発生し、それがそのまま管理組合に移行することで、最終的には、この方式ならではの居住満足度が確保されるという付加価値が生じる場合も少なくない。

第三に、これが最大のボトルネックであるかもしれないが、地権者の間には、共同建替えをめぐり、ゲーム理論の「囚人のジレンマ」に当たる複雑な利得構造が存在しており、それが合意形成のネックとなっている場合が少なくない。

「囚人のジレンマ」とは、お互いに協力した方が協力しないよりも利益が得られることが分かっているが、相手の出方次第では協力しない方が利益を得るということも分かっている、という戦略的状況（利得構造）のことである。

ハブの共同建替えをめぐっては、建替えに向けて積極的に動くと様々な形で負担が増えてくることになりかねないとの思いから、お互いが自ら率先して動かないという行動を取りがちである。

このような状況下で合意形成を促進させるためには、利得構造を、お互いに建替えに前向きに動くことが有利な構造に改編する必要がある。

このような利得構造改編のためには、たとえば、ハブの認定、共同建替え勧告、権利変換価格の仲裁、媒介業者制度の整備、デザインコードの制定、標準契約書式の整備、税制・補助制度などが考えられる。

しかし、それらの支援策が現実に有効に機能していくものとなるためには、地権者をはじめとする地域住民、行政、民間企業等の様々な関係主体において、ハブの共同建替えの推進に関する理解・協力の輪が広がるとともに、足が地に着いた緻密な実務的工夫が積み重ねられていかなければならないであろう。

東京都下において、真に「災害に強いまちづくり」を進めるには、そうした多様な関係主体の協働の下での持続的努力が重要と考えられる。

（２）木造密集市街地内の建物の理想的性能

首都直下地震の際の被害軽減を図るためには、東京の木密地域内の建物については、これまでに述べてきたような延焼ネットワーク対策と並行して、耐火性以外の性能についても、可能な限り理想的な性能に近づけていく努力を積み重ねていくことが望まれると私は考える。

このような観点から、耐震性とエネルギー自立性について述べることとしたい。

①「耐震性」

建築物の性能の最低基準を定める建築基準法は、建物の耐震性に関し、「震度６強～７

の大規模地震でも倒壊・崩壊しない」という性能を要求している。

この耐震基準は、震度6強～7の大規模地震の際に、倒壊・崩壊によって人が押し潰されて死ぬことがないという性能を要求するものである。しかし、この性能の建物は、そうした地震の発生時に人命を守れたとしても、建物が大きく損傷し、居住が継続できない状況となる可能性がある（厳密には、複数回の地震動が発生すると、建物が倒壊・崩壊し、人命が危険に晒される可能性も排除されない。熊本地震〈2016年〉の際には、益城町《ましきまち》で震度7の揺れが2回観測されている）。

このような最大級の直下型地震が東京を襲った場合、東京の木密地域において、大きく損傷する建物が大量に発生することが予想される。そのことは、次のようなプロセスを通じて、被害状況を想像を絶する水準まで悪化させる可能性がある。

第一に、膨大な数の建物が居住困難となるレベルまで損傷すれば、それに相当する膨大な数の避難者が発生することとなる。

避難所での生活は、（特に高齢の）避難者とっては負担が大きく、疾病等を招くケースも少なくない。人口の高齢化に応じ、避難者の高齢者比率もまた上昇していく中で、将来の災害発生時においては、避難者に対し、質量両面から、より高水準の支援が必要とされるようになっていくであろう。

しかし、他方では、発災直後は、都内各所で道路閉塞が発生し、諸々の社会機能も機能不全に陥る可能性が高い。そして、支援側に回るはずの諸機能の担い手が受援側に回る状況の下で、支援者と受援者のバランスが非常に厳しいものとなる可能性も高い。

こう考えていくと、都区部だけで９６５万人（２０２１年）という途方もなく膨大な人口の大半が避難者となり、それを行政等が支援することを当然の前提としながら、実効性ある減災対策を講じていくことは果たして可能なのか、という疑問が浮かんでくるのである。

東京の木密地域において、あまりにも膨大な避難者が発生した場合、行政等の対応力を超える事態となり、被害状況を異次元のレベルに深刻化させていく危険性を排除しきれないのではないかと考える。

第二に、大きく損傷した建物は、居住が継続できないため、そこで生活再建するためには、住居の再建築等を行う必要が出てくるが、被災者にとってその経済的負担は非常に大きなものになる。

震災後の建物の復旧・復興は、被災者生活再建支援制度（全壊で３００万円）のみでは容易に進まず、東京の震災復興が遅々として進まない事態となる可能性もある。それは、東京を大きく衰退させる要因になりかねない。

以上の点を視野に入れると、東京の木密地域内の住宅については、耐火性とともに、震度7の地震動（理想をいえば複数回の地震動）に対しても、小さな損傷しか発生せず、小規模な修繕等を行うことでそのまま居住を継続できる耐震強度を備えることが理想といえる。それは、発災時には在宅避難を可能とする「災害シェルター」として機能し、災害後には、住居の再建築を必要としない程度まで被災を抑制する「事前防災」を実現する耐震強度である。

他の地域とは異なり、東京の木密地域内においては、その水準の強靭性を備えた建物を少しでも多く普及させていくことが望まれる。

②エネルギー自立性

ZEH（ゼッチ／net Zero Energy House）などのエネルギー自立性を有する住宅は、災害時に停電が発生しても、冷蔵庫等が使えるため、3～4日間は、避難所へ行かずに自宅で暮らす在宅避難を支える基盤として機能しうるものである（在宅避難の実例は、熊本地震の際に、少なからず確認されている）。

ZEHとは、家屋の断熱性や設備の効率化を高めることで省エネルギー化を図りつつ、太陽光発電などでエネルギーを創ること等により、「実質的なエネルギー収支をゼロ以下にする家」のことである。

ZEHは、2008年頃から米国で「新しい省エネの形」として注目されていたが、日本でも、東日本大震災後の電力不足等を契機に、「エネルギー基本計画」（２０１４年４月閣議決定）において、「２０２０年までに標準的な新築住宅で、２０３０年までに新築住宅の平均でＺＥＨを目指す」と定められて以来、関係省庁等によって、政策的に推進が図られてきている。日本国内の全エネルギー消費量の13・８％は住宅が占めており、住宅での省エネをより進めることができれば、全体のエネルギー消費量に大きなインパクトをもたらすことが期待されている。

ところで、防災の分野では、巨大災害発生直後は道路の通行障害等により、被災地への支援が届くようになるまで72時間程度が必要となることが経験的に知られており、発災直後の72時間以上、避難所等において自立的に頑張れるよう物資を備蓄しておく等の対策が進められている。住宅のエネルギー自立は、こうした対策とも整合性を持つ。

東京の木密地域における住宅について、そうしたエネルギー自立性能を備えた建物を普及させることは、首都直下地震に備えた減災に寄与する要因となる。

ただし、東京の低層市街地では、建物が建て詰まっている関係で、太陽光パネル発電が十分な効率を持たない場合も多く、エネルギー自立性の確保は簡単な問題ではないことを認識する必要がある。

蓄電池等との組み合わせ等も視野に入れながら、技術的及び政策的なイノベーションを起こしていく必要がある。今後の大きな課題であり、粘り強い研究開発が期待される。

5.「未来都市・東京」への夢

本章では、東京の低層市街地エリアの延焼ネットワーク構造を念頭に、首都直下地震時に想定される最大級の市街地大火への減災対策を基本とする「災害に強いまちづくり」のコンセプトについて述べた。

それは、全ての東京都民が笑顔で暮らせるコミュニティの舞台となりうる「懐かしいけど安全な未来のまち」を目指す営みであり、行政だけではなく、多様な関係主体の協働の下に、様々な試行錯誤や、足が地に着いた堅実な工夫を積み重ねることによってはじめて実現できるものである。

逆境こそは進歩の源泉というように、その取組みは、わが国の成長戦略や発展・進化の原動力となりうる可能性を秘めている。

このような政策コンセプトが、そうしたわが国の明るい将来に向けた進歩を牽引する未来都市・東京の実現の一助となれば幸いである。

終章　次の関東大震災までに何をなすべきか

――国難災害への備えを日本再生の軸に――

東日本大震災が発生した2011年（平成23年）3月11日から12年余の歳月が経過した。そして、本書が発刊される2023年は、関東大震災（1923年9月1日発生）が起きてから100年に当たる。

日本列島に暮らすわれわれ日本人は、様々な巨大災害が一定の長期的周期で発生するという宿命から免れることはできない。

ならば、過去の災害を忘れることなく、将来の巨大災害に対する「減災」の努力を積み重ねていく以外に道はない。

文明が発達するほど、自然に存在しないものが多く出現し、それに高度に依存する傾向が強まる。このため、巨大災害に対する脆弱性はむしろ高まる。

そして、そのことは、未曾有の災害が発生した際に、想定もしなかった事態（相転移）を発生させ、異次元の事態を発生させる危険性につながっていく。

寺田寅彦氏は、関東大震災後に、「20世紀の文明をたのんで安政地震の経験を馬鹿にした東京は関東大震災で焼き払われた」と指摘した（『津浪と人間』〈1933年〉）。

この指摘は、私には「東日本大震災を踏まえ、首都直下地震にしっかりと備えよ」と叱咤する声に聞こえる。

次の関東大震災までに、私たちは何をしなければならないのか。

国は、巨大災害の本質を洞察した上で、防災行政の基盤となる基本制度（憲法や法令、そして行政体制）の整備について、必要な取組みを進めていく責務を有すると考える。

その上に、国と地方公共団体が協力し、「減災」に必要な取組みを推進していく必要がある。

「減災」に関しては、様々な発想による多様な取組みが考えられる。

人々の命を守るための都市や住宅の整備、そして避難などの共助の取組みが重要であることについては、あらためて説明するまでもないであろう。

さらに、「医療崩壊」という言葉がしばしば語られるほどの医療現場の疲弊を直視した上で、巨大災害の発生時に「避けられる死」（preventable death）から人々を救うことができる災害救急医療体制の構築に取組んでいく必要がある。

また、膨大な数の人々の避難生活に備え、在宅避難の活用、生活物資の確保・配給、避難所等の衛生管理（仮設トイレの設置・管理、廃棄物の処理・処分、清掃、入浴支援等）、応急的な救急救命措置、要介護者の保護、災害拠点病院等への患者搬送等を視野に入れ、総合的な避難者支援ロジスティックスを確立していくことが重要である。そのための医師・看護師と救急救命士、防災士などの連携の強化が望まれる。

そして、行政の機能が麻痺する可能性を想定し、そうした事態に準備しておくことも極めて重要な課題であろう。

一方では、情報通信や交通が途絶した大都市では何が起きるのか予想しきれないが、そうした状態で、少しでも被害を減少させる「減災」の工夫を積み重ねる必要がある。

人口が減少し、高齢化が進んだ社会では、巨大災害の発生時に様々な取組みを行おうとしても、そもそもマンパワーが追い付かないという現実が立ちはだかることになる。防災の観点からも、ＩＴ（Information Technology：情報技術）、ＡＩ（Artificial Intelligence：人工知能）、遠隔操作などの先端的なテクノロジーの活用による省力化を進めていくことが重要といえよう。

首都直下地震に負けない東京を作っていく挑戦は、こうした様々な発想から出発し、多様な工夫を織り上げていく営みとなるはずである。

それは、足が地に着いた実践的な工夫と、理論や制度の発達をもたらす英知の営みが、密接に連携しあうことによってのみ前進していけるものではないだろうか。

国と東京都及び東京都下の市区町村が、そうした志を同じくした上で、密接に連携・協力していくことが期待される。

次の巨大災害はいつの日か必ず発生する。今の時代を生きる日本人が、東日本大震災の教訓を踏まえ、国難になりかねない将来の巨大災害に備えて後世に何を遺したかが問われる時が必ずやって来る。

私たちは、なすべきことを直視し、それを実行していく勇気と精神力を持たなければならない。後藤新平氏の「国難を国難として気づかず、漫然と太平楽を歌っている国民的神経衰弱こそ、もっとも恐るべき国難である」との言葉を噛みしめたいものである。

逆境こそは進歩の源泉というように、その取組みは、わが国の成長戦略や発展・進化の原動力となりうる可能性を秘めている。

本書が、そうした日本と東京の明るい将来に向けた歩みを進めていく上での一助となれば幸いである。

最後に、今回の出版の企画や編集について、中央公論新社及び中央公論事業出版の皆様方に多大なご尽力をいただいたことに対し、この場をお借りして厚く御礼を申し上げ、筆をおくこととしたい。

参考文献

第1章　東日本大震災（地震・津波）の初動・応急対応の概要　関係

・小滝晃：「東日本大震災（地震・津波）の初動・応急対応（上）—緊対本部の12日間と復興対策本部発足までの3ヶ月間—」『季刊行政管理研究』（140）、42-91頁、行政管理研究センター、2012年12月

・小滝晃：『東日本大震災　緊急災害対策本部の90日—政府の初動・応急対応はいかになされたか—』、ぎょうせい、2013年8月

第2章　東日本大震災の教訓　関係

・小滝晃：東日本大震災（地震・津波）の初動・応急対応（下）—今後の巨大災害対策のあり方に関する教訓—」『季刊行政管理研究』（141）、31-65頁、行政管理研究センター、2013年3月

・小滝晃：『東日本大震災　緊急災害対策本部の90日—政府の初動・応急対応はいかになされたか—』、ぎょうせい、2013年8月（再掲）

・A.Kotaki: Initial Responses of the Government of Japan to the Great East Japan Earthquake（Earthquake and Tsunami）and Lessons Learned from Them, "Journal of Disaster Research（JDR）", 10（sp）, pp.728-735, 2015.9

・小滝晃：政府の初動対応とその教訓、災害対策全書（別冊）『「国難」となる巨大災害に備える—東日本大震災から得た教訓と知見』、28‐31頁、ひょうご震災記念21世紀研究機構「国難」となる巨大災害に備える編集会議編、ぎょうせい、２０１５年9月

・小滝晃・武田文男：国難災害対応としての巨大災害対策—東日本大震災10年を踏まえた巨大災害に備える基本姿勢の考察—、『国士舘防災・救急救助総合研究』（7）、65‐77頁、国士舘大学防災・救急救助総合研究所、２０２１年10月

第3章　憲法改正の論点　関係

・小滝晃・武田文男：災害緊急事態条項の日本国憲法における在り方—東日本大震災の初動・応急対応（地震・津波）を踏まえた考察—、『国士舘防災・救急救助総合研究』（4）、1‐12頁、国士舘大学防災・救急救助総合研究所、２０１８年3月

・A.Kotaki & F.Takeda : Study on Disaster Emergency Provisions in the Constitution of Japan as a Measure against Huge Disasters–A Discussion based on Initial and

Emergency Responses to the Great East Japan Earthquake（Earthquake and Tsunami）, "Journal of Disaster Research（JDR）", 13（2）, pp.367-379, 2018.3

・小滝晃・武田文男：新型コロナウイルス感染症（ＣＯＶＩＤ‐19）と我が国の緊急事態制度の課題、『国士舘防災・救急救助総合研究』（６）、27‐47頁、国士舘大学防災・救急救助総合研究所、２０２０年10月

・小滝晃・武田文男：憲法の災害緊急事態条項に係る政策形成プロセスのあり方―第26回参議院議員選挙（２０２２）公約の分析を踏まえて―、『国士舘防災・救急救助総合研究』（８）、国士舘大学防災・救急救助総合研究所、２０２２年10月

・西修：国家緊急事態条項の比較憲法的考察―とくにＯＥＣＤ諸国を中心に―、『日本法學』82（３）、１７７２‐１７４５頁、日本大学法学会、２０１６年

第４章　日本の防災行政体制のあり方　関係

・A.Kotaki & F.Takeda: Study on the National Disaster Management Administration System Against Huge Disasters – A Discussion Based on the Initial and Emergency Responses to the Great East Japan Earthquake –, "Journal of Disaster Research（JDR）", 14（5）, pp.843-860, 2019.8

・小滝晃：巨大災害に対応するための我が国の防災行政体制の課題―東日本大震災の初動・応急対応を踏まえた考察―、博士（政策研究）論文、政策研究大学院大学、2021年1月

第5章　東京を「懐かしいけど安全な未来のまち」にするために　関係

・織山和久・小滝晃：延焼過程ネットワークのスケールフリー性に着目した木造密集地域における延焼危険建物の選択的除去効果の実証、『日本建築学会環境系論文集』80（711）、389‐396頁、2015年5月
・小滝晃・織山和久：木造密集地域の共同建替えに係る委託型組合方式の事業性に関する研究、『日本建築学会計画系論文集』80（718）、2743‐2752頁、2015年12月
・織山和久・小滝晃：木造密集地域の共同建替えにおけるデザインコードについて、『日本建築学会計画系論文集』80（710）、863‐872頁、2015年4月
・織山和久・小滝晃：木造密集地域における共同建替えへの合意形成の阻害要因と促進施策―地権者間の囚人のジレンマの解消―、『日本建築学会環境系論文集』82（735）、395‐405頁、2017年5月

・織山和久・小滝晃：建設組合方式における業務委託に関する制度について、『日本建築学会計画系論文集』82（７３２）、４７７-４８３頁、２０１７年2月
・織山和久：『自滅する大都市―制度を紐解き解法を示す―』、ユウブックス、２０２１年1月
・小滝晃：木造密集市街地における災害に強い建築の在り方、『国士舘防災・救急救助総合研究』（4）、30-36頁、国士舘大学防災・救急救助総合研究所、２０１８年3月
・小滝晃：東日本大震災の教訓を踏まえた木密対策のコンセプト（上）―「懐かしいけど安全な未来のまち・東京」の夢―、『住団連』令和5年新年号（３３４）、住宅生産団体連合会、２０２３年1月
・小滝晃：東日本大震災の教訓を踏まえた木密対策のコンセプト（下）―「懐かしいけど安全な未来のまち・東京」の夢―、『住団連』令和5年春号（３３５）、住宅生産団体連合会、２０２３年4月

小滝 晃（こたき あきら）

元内閣府（防災担当）総括参事官、（一財）首都圏不燃建築公社専務理事、国士舘大学 防災・救急救助総合研究所客員教授、博士（政策研究）。東京都品川区出身。1982年、東京大学経済学部卒業後、建設省に入省。内閣府防災の総括参事官在任中の2011年3月、東日本大震災が発生し、官邸にて緊急災害対策本部の設置・運営に従事。その経験が起点となり、巨大災害政策の自主研究に取り組む。2016年の国家公務員退官後、パナソニック ホームズ㈱渉外担当特別顧問を経て、現在は（一財）首都圏不燃建築公社専務理事。巨大災害対策の設計思想、憲法の災害緊急事態条項のあり方、我が国の防災行政体制のあり方等のほか、東京の低層市街地を「懐かしいけど安全な未来のまち」に進化させるための木密対策等に関する政策の研究・提言を行ってきている。著書に『東日本大震災　緊急災害対策本部の90日―政府の初動・応急対応はいかになされたか―』（ぎょうせい、2013）、『実践コンプライアンスマネジメント入門―組織の健康づくりのノウハウ』（ぎょうせい、2015）ほか。

次《つぎ》の関東大震災《かんとうだいしんさい》までに何《なに》をなすべきか
――「3・11」からの教訓《きょうくん》

2023年8月10日　初版発行

著　者　小 滝　晃
発行者　安 部 順 一
発行所　中央公論新社
〒100-8152　東京都千代田区大手町 1-7-1
電話　販売 03-5299-1730　編集 03-5299-1740
URL　https://www.chuko.co.jp/

編集協力　中央公論事業出版
印　刷　大日本印刷
製　本　小泉製本

Published by CHUOKORON-SHINSHA, INC.
Printed in Japan　ISBN978-4-12-005684-0 C0036